स्वस्थ्य रहें और मस्त रहें

PRINCIPLES OF HEALTHY LIFESTYLE

शक्ति रावत

ISBN 979-888591383-6

दुनियाभर के उन सभी लोगों को जो गलत

जीवन-शैली के कारण कम उम्र में ही गंभीर

बीमारियों के शिकार होकर समय से पहले

ही कमजोर और खोखले हो रहे हैं।

क्रम-सूची

प्रस्तावना

इंकार में उठा हाथ !

जब सोचने बैठता हूं तो तय नहीं कर पाता कि इंसान महान है, या मूर्ख। क्योंकि प्रकृति ने ना सिर्फ उसे स्वस्थ्य तौर पर जन्म दिया बल्कि वह जीवनभर स्वस्थ्य रहे इसका भी पूरा इंतजाम किया है, लेकिन वह अपने लिए ढूंढ-ढूंढकर बीमारियां इजाद करता जा रहा है, नई-नई बीमारियां बनाता है। पहले पैसा कमाने के लिए सेहत और सुकून गंवा देता है, फिर इन दोनों को वापस पाने के लिए अपना कमाया हुआ सारा पैसा गंवा देता है, और अंत में खाली हाथ पछताता रह जाता है। आपको पता है, भारत को डायबिटीज यानि शुगर की कैपीटल कहा जाता है, क्योंकि यहां टाइप-2 डायबिटीज के 77 करोड मरीज है, यानि पूरी दुनिया के डायबिटीज मरीजों में हर सातवां हिन्दोस्तानी डायबिटीज का शिकार है। 2030 तक यह आकंडा 1 अरब के पार हो जाएगा। 10 करोड लोग रोज थायरॉयड की गोली खा रहे हैं, और 35 करोड लोग बीपी की गोली। 60 प्रतिशत से ज्यादा लोगों की मासिक कमाई का 25 से 30 प्रतिशत हिस्सा हर महीने उन बीमारियों की दवाओं की खरीदी में खर्च हो रहा है, जो गलत जीवन-शैली के चलते पैदा हुई हैं। गलत नहीं होगा अगर कहा जाए कि हम एक बीमार समाज में जी रहे हैं, और ऐसा ही कमजोर और खोखला समाज आने वाली पीढीयों के लिए तैयार कर रहे हैं। ऐसे इंसान को आप क्या कहेंगे जो मुफत में मिलने वाली सेहत से मुंह मोडता है, और पैसे देकर बीमारियां खरीदता है। यह सब लिखकर आपको डराना मेरा मकसद नहीं है, लेकिन आंखें बंद कर लेने से सच्चाई मिट नहीं जाती। दरअसल हम बहुत खतरनाक स्थिति में हैं। हालांकि समस्या है तो समाधान भी है, और समधान है, स्वस्थ्य जीवन-शैली की तरफ वापस लौटना। जिसके लिए आपको कोई पहाड नहीं तोडना है, बल्कि अपनी रोजमर्रा की आदतों में छोटे-छोटे बदलाव करने हैं। जैसे बूंद -बूंद से घडा भरता है, वैसे ही छोटी-छोटी आदतों से जीवन भी तंदुरस्थ और खुशहाल बन सकता है। बस खुद पर भरोसा और ईमानदारी से कोशिश करने की जरूरत है। ये तस्वीर बदली जा सकती है। असल में हमारी मानसिकता यह है कि हम अच्छी बातों को सिर्फ किताबों तक सीमित मानते हैं, जो सुनने में अच्छी लगतीं हैं। बहुत हुआ तो पढ लिया लेकिन अमल में लाने का तो कोई सवाल ही नहीं है। मैं चाहता हूं कि मेरी बात सिर्फ किताबी बनकर ना रह जाए, बल्कि आप उसे अपने जीवन में उतारें। तभी मेरी कोशिश सार्थक होगी। स्वस्थ्य रहें और मस्त रहें

किताब इस मंशा से नहीं लिखी गई है कि आप पढकर कहें कि बात तो सही है, और उठाकर साइड में रख दें। बल्कि इस ध्येय के साथ लिखी गई है कि आप इसे पढने के बाद वही ना रह जाएं जो आप इस किताब को पढने से पहले थे। कुछ ना कुछ बदलना चाहिये, कोई संकल्प बनाना चाहिये, अंदर कोई लहर उठनी चाहिये, कोई फैसला होना चाहिये कि अब मैं भी कुछ करूंगा। आगे आपकी मर्जी। मुझे ऐसा बीमार और कमजोर व सेहत और खुशहाली के मामले में दीनहीन होता समाज मंजूर नहीं है, इसलिये इस स्थिति के इंकार में पहला हाथ मैं उठाता हूं, अब दूसरा हाथ उठाने की बारी आपकी ।

    - शक्ति रावत

भूमिका

इस स्टाइल में लाइफ कहां है ?

सदियों से हमारी संस्कृति में निरोगी काया यानि स्वस्थ्य शरीर को पहला सुख कहा गया है। आरोग्य मतलब स्वस्थ्य रहने से बडा कोई धन या संपत्ति नहीं है क्योंकि बीमारी से घिरे इंसान के लिए सुख और शांति कहां ? लेकिन आज के समय में इंसान के पास सेहत के अलावा सबकुछ है। लाइफ यानि जीवन और स्टाइल का अर्थ है वह तरीखा, ढंग या शैली जिससे आप अपना जीवन जीते हैं। लेकिन सवाल यह उठता है कि जिस ढंग से लोग जी रहे हैं, उस स्टाइल में लाइफ कहां है? जिसे देखो वही बीमार, जिससे बात करो वही तनाव में और जिस पर ध्यान दो वही हैरान- परेशान । कोई डायविटीज की दवा ले रहा है, तो कोई बीपी की, कोई डिप्रेशन का इलाज करा रहा है तो कोई मोटापे और कैंसर का। बूढे तो छोडिये अब तो जवान और बच्चे भी नई-नई बीमारियों के शिकार बन रहे हैं, कम उम्र में लोगों को शुगर और बीपी जैसी गंभीर बीमारिया हो रहीं हैं। आपको जानकर शायद अच्छा न लगे कि भारत जीवन-शैली जनित बीमारियों के बडे केन्द्रों में से एक बन चुका है। योग और आयुर्वेद जैसे वरदान दुनिया को देने वाला समाज इतना दीनहीन और बीमार हो जाएगा शायद किसी ने सोचा भी नहीं होगा। आज भारत में दवा कंपनियों का हजारों करोड का बाजार सिर्फ हमारी गलत जीवन-शैली की मेहरबानी की वजह से खडा हो गया है। बूढों से लेकर जवानों और अब बच्चों तक हमने जीवन जीने का जो रंग-ढंग अपनाया है उसका नतीजा यही होना था, और हो रहा है। यानि अब लोगों के पास स्टाइल तो है, लेकिन लाइफ कहीं खो गई है। क्या आपको यह सोचकर अजीब नहीं लगता कि आज ऐसा आदमी अपने आसपास खोजना मुश्किल हो गया है जो तन और मन से पूरी तरह स्वस्थ्य हो। आज से कुछ दशक पहले तक बीमार आदमी रेयर माना जाता था, अब सेहतमंद इंसान रेयर होता जा रहा है। अगर आप इसको इंसान की तरक्की कहते हैं, तो मैं कहूंगा फिर इंसान का भगवान ही मलिक है। आपने कभी सोचा है कि आने वाली पीढीयों को हम कैसी दुनिया देना चाहेंगे बीमार और कमजोर या फिर सेहतमंद और खुशहाल। इस किताब के जरिये मैने सरल और रोचक ढंग से स्वस्थ्य जीवन-शैली के टिप्स देने की कोशिश की है, जिन्हें ना सिर्फ मैं अपनाता हूं बल्कि दूसरे कई लोगों को भी इन्हें अपनाने की सलाह देता हूं क्योंकि यह सेहतमंद जीवन के मूलमंत्र हैं बाजार से सेहत की दवाएं खाकर कोई सेहतमंद नहीं बनता अगर वाकई आप निरोगी जीवन

जीना चाहते हैं, तो बदलाव खुद के अंदर और अपने जीवन में कीजिये और उसकी शुरूआत कल से नहीं बल्कि आज से कीजिये। दुनिया और जमाना बहुत फास्ट हो गए हैं इसलिये मैं भी बात को लंबा नहीं खींचूगा। महज इतना सवाल आपसे पूछूगां कि आप अपना जीवन स्वस्थ्य रहकर जीना चाहते हैं, या दवाओं के भरोसे। अगर आपका जबाव दवा है तो इस किताब को यहीं बंद कर दें क्योंकि यह आपके लिए नहीं है, अगर आपका उत्तर पहला है तो आईये और आगे बढिये। बस इतना याद रखिये कि यह किताब आपको रास्ता दिखाएगी चलना आपको खुद ही है। क्योंकि महामारी के इस दौर में अच्छी और स्वस्थ्य जीवन-शैली अब सबसे जरूरी हो गई है। जीवन-शैली के मामले में मार्टिन लूथर का यह कथन आपके लिए बडे काम का हो सकता है, इसलिए इसी से अपनी बात पूरी कर रहा हूं।

आप उड़ नहीं सकते तो दौडिये, दौड नहीं सकते तो चलिये। अगर चल भी नहीं सकते रेंगिए लेकिन कुछ भी हो जाए जीवन में आगे बढिए। - मार्टिन लूथर किंग जूनियर

आमुख

जादूगर का करिश्माई झोला

दोस्तों बहुत पुरानी बात है, एक राज्य में लालबुझक्कड रहता था। वह बहुत संवृद्व और खुशहाल राज्य था। लोग मेहनतकश थे इसलिये सेहतमंद और खुशहाल थे, सुख सुविधाएं कुछ कम थीं, लेकिन मन में शांति और संतोष था। एक दिन उस राज्य के राजा के दरबार में एक जादूगर आया। उसके पास एक करिश्माई झोला था, जिसमें एक से बढकर एक चीजें और उपकरण थे, उसने राजा की सभा में बताया कि कैसे ये उपकरण इंसान की जिंदगी को आसान कर देते हैं, उसकी सुख सुविधा बढा देते हैं। फिर इंसान को कुछ करने की जरूरत नहीं। न मेहनत ना ही पसीना बहाना, ना पैदल चलना। सब उन चीजों को देखकर दंग थे, फिर तो क्या था सबको जादूगर की बात जंच गई और क्या आम और क्या खास सब उन चीजों को खरीदने के लिए टूट पडे। लोगों को अब बहुत सुविधा थी, हर काम उपकरण करते और लोग मजे से आराम करते। जिंदगी एकदम आसान हो गई। किसी को कुछ करना ना पडता। आराम और सुविधा की ऐसी लत लगी कि लोग ज्यादा से ज्यादा ऐसे उपकरण जुटाने लिए पागल होने लगे। उसके लिए दिन रात मशीनों की तरह दौडभाग करने लगे। कुछ ही सालों में उस राज्य के लोगों के पास सुख सुविधाओं के साधन तो बहुत जुट गए। लेकिन उन्हें बीमारियों ने घेरना शुरू कर दिया। अब लोग संपन्न तो थे, लेकिन खुश नहीं क्योंकि वे बीमार थे। अब उन्हें खाना कम और दवाएं ज्यादा खानी पडती हैं। लाल बुझक्कड भी बदलाव और विकास की इस बयार में उत्साहित होकर खुशी-खुशी बह गए थे, लेकिन अब बहुत परेशान है, क्योंकि सुख सुविधाओं के लिए जीवन-शैली बिगाड ली अब संसाधन तो बहुत हैं, लेकिन वह सेहत नहीं जो उनका मजा ले सके। लेकिन मेरा यकीन मानिये इस कहानी का किसी भी हकीकत से कोई लेनादेना नहीं है।

1

शुरुआत डेली रूटीन से

लाल बुझक्कड अचानक बीमारी हुए तो डॉक्टर के पास पहुंचे। डॉक्टर ने उनसे पूछा आपका डेली रूटीन यानि दिनचर्या क्या है? तो वे चकराए कि आखिर यह किस चिडिया का नाम है। फिर डॉक्टर ने अपनी बात को आसान करते हुए पूछा कि आप कब खाते हैं, कब सोते और जागते हैं, कौन सा काम कब करते हैं? इन्हीं सारे कामों को दिनचर्या कहते हैं। लाल बुझक्कड कहने लगे इसके बारे में तो कभी सोचा ही नहीं मैं तो अपनी मर्जी का मालिक हूं,जब जो याद आ जाता है कर लेते हैं। वैसे मेरे किसी काम का टाइम जिंदगी में कभी फिक्स नहीं रहा। तब डॉक्टर ने कहा कि अब आज से आपके एक काम का टाइम जरूर फिक्स हो जाएगा और वह है, दवाई खाने का। यह वाकया बिलकुल काल्पिनक है, लेकिन कई लोगों की असल जिंदगी की कहानी को बयां करता है। आज 70 फीसदी से ज्यादा लोग गलत जीवन-शैली से पैदा होने वाली किसी ना किसी बीमारी की चपेट में हैं। तब यह सवाल उठता है कि जीवन-शैली या लाइफ स्टाइल को सुधारा कैसे जाए। क्या यह एक दिन में सुधर जाएगी। नहीं, लेकिन एक-एक दिन कोशिश करें तो एक दिन जरूर सुधर जाएगी। समस्या यह है कि लोग जब भी जीवन-शैली को बदलने की सोचते हैं, तो एकदम से बडी-बडी योजनाएं बना डालते हैं, लेकिन जब उनका हकीकत से सामना होता है, तो फिर यह सोचकर कि यह सब अपने बश का नहीं फिर अपनी पुरानी आदतों पर लौट आते हैं। यह समझ लेना चाहिये कि जो आदत बरसों से चली आ रही हो, उसे एक दिन में नहीं बदला जा सकता। लेकिन हर बडे बदलाव की शुरुआत एक छोटे स्तर से की जा सकती है।

पहला कदम दिनचर्या

अगर आपको किसी भी मकान की दूसरी मंजिल पर जाना है, तो आपको पहला कदम उसकी पहली सीढी पर रखना पडेगा। बिना पहली सीढी पर कदम रखे आप सीधे ऊपर नहीं पहुंच सकते। ठीक उसी तरह अच्छी और स्वस्थ्य जीवन-शैली अपनाने के लिए पहला कदम है, आपकी दिनचर्या या डेली रूटीन। सबसे पहले अपने रोज के कामों पर नजर डालें। क्या आपका सोना, जागना, खाना, नाश्ता, नहाना, पढाई-लिखाई, काम और आराम यह सारी चीजें समय पर होतीं हैं? क्या इन सभी कामों को आप सिस्टम से या तय समय पर करते हैं। अगर नहीं तो सबसे पहले आपको जीवन-शैली में सुधार की शुरुआत यहीं से करनी चाहिये। क्योंकि जब तक आपकी डेली रूटीन व्यवस्थित नहीं है, तब तक आप ना तो सफल बन सकते हैं, और ना सेहतमंद। तब सवाल उठता है, कि एक सही डेली रूटीन बनाया कैसे जाए। तो कीजिये श्रीगणेश।

1- रोज बनाईये डे-प्लान

डे-प्लान या टू डू लिस्ट का मतलब है, कागज पर लिखी गई आपकी रोज की कार्ययोजना। इसमें आपके रूटीन कामों के साथ जरूरी काम भी शामिल होते हैं। जैसे- किसी से मिलना, फोन करना, कहीं आना-जाना आदि। आप किसी भी आयुवर्ग के हों, आपको हर दिन डे-प्लान जरूर बनाना चाहिये। डे-प्लान का मतलब होता है। कि आपके दिमाग में अपने पूरे दिन की कल्पना तैयार होती है। इसे या तो जल्दी सुबह लिखकर तैयार करें या फिर एक दिन पहले रात में सोने से पहले बना लें। इसमें अपने उस दिन किये जाने वाले सारे कामों को उनकी प्राथमिकता के हिसाब से नोट कर लें। फिर जो-जो काम होते जाएं उन पर राइट टिक लगाते जाएं। आप चाहें तो खुद को मोटीवेट करने के लिए हर काम के लिए खुद को मार्क्स भी दे सकते हैं।

फायदा-

इस तरीके से आप कुछ ही दिनों में पाएंगे कि काम करने को लेकर आपकी भागदौड और बेचैनी कम होने लगेगी। साथ ही हर काम पूरा करने पर आपको खुशी मिलेगी और आत्मविश्वास बढेगा। फर्क आपको कुछ ही दिनों में नजर आने लगेगा आप साफ महसूस कर पाएंगे कि आप अब पहले ज्यादा सिस्टमेटिक हो गए हैं। शर्त यही है, कि डे प्लान कागज पर लिखकर ही बनाना है, मन में नहीं। इसके लिए एक अलग नोट पेड या डायरी रख लें।

2- ये चार काम समय पर

जागना, सोना, खाना और नहाना। ये चार ऐसे काम हैं, जो आपको जीवनभर करने हैं, रोज। अच्छी जीवन-शैली के लिए इनका समय पर और व्यवस्थित होना बहुत जरूरी है। इसलिये अपनी सुविधा के हिसाब से इन चारों कामों का समय तय कीजिये। फिर रोज उस तय समय पर अपने काम को निपटाने की आदत बनाईये। क्योंकि ये काम गड़बड़ाने से आपकी पूरी दिनचर्या बिगड़ जाती है। सेहत पर तो असर होता ही है। इस समय 80 फीसदी से ज्यादा लोगों के यही चारों काम गड़बड़ाए हुए आपको मिलेंगे। देखने में यह साधारण सी बात है, लेकिन इस अव्यवस्था का गहरा असर आपके जीवन पर होता है। तो अगर आप अपनी जिंदगी को व्यवस्थित रखना चाहते हैं, तो रोज की दिनचर्या से जुड़े इन चार कामों को तय समय पर करने की छोटी सी आदत को अपना लीजिये।

फायदा-

जैसे एक-एक ईट जुड़कर घर बनता है, उसी तरह से छोटे-छोटे कामों और आदतों से ही जीवन एक सिस्टम में आता है। छोटे कामों को व्यवस्थित ढंग से करने से आपके अंदर बड़े कामों के लिए कुशलता विकसित होती है। आप अगर इन चारों कामों को समय पर करने की आदत बना लेंगे। तो आपकी दिनचर्या में बहुत बड़ा बदलाव हो जाएगा। जितनी कम उम्र में आप इसे अपना सकें। उतना फायदेमंद होगा।

3-छोड़ें आराम तलबी

आजकल ज्यादातर लोगों के जीवन का ढंग आराम तलबी बन गई है। आपके आसपास भी यकीनन ऐसे कुछ लोग जरूर होंगे जो कि घंटों एक ही सोफे या पलंग पर लेटे-लेटे या बैठे-बैठे बिता देते होंगे। कोरोना महामारी के बाद यह आदत और भी ज्यादा लोगों मे बढ़ गई है, क्योंकि लोग लंबे समय से घरों पर हैं। इसलिये आराम करने की आदत पड़ गई। लेकिन याद रखें। कि अगर आराम तलबी आपकी जीवन-शैली है, तो आप ज्यादा दिनों तक सेहतमंद नहीं रह पाएंगे। जीवन-शैली से जुड़ी ज्यादातर बीमारियां इंसान के एक्टिव नहीं रहने और आराम पंसदी की आदत के चलते ही पनपी हैं। मोटापा, अवसाद, दर्द और कई समस्याएं इससे ही बढ़ती हैं। लिहाजा अगर आराम तलबी आपकी दिनचर्या का हिस्सा है तो इसे अपने रूटीन से हटाईये। क्योंकि एक तो इससे आपकी जरूरी कामों को टालने की आदत बढ़ती है, दूसरे जरूरत से ज्यादा आराम सेहत के लिए भी हानिकारक होता है। आपके दिनभर के रूटीन में बेशक छोटे ब्रेक के लिए जगह होनी चाहिये। लेकिन आराम के नाम पर घंटों पड़े रहना आपको परेशानी में डाल देगा।

फायदा-

अनावश्यक आराम का मतलब होता है, आलस। इसके चक्कर में आप अपने जरूरी कामों को भी टालते रहते हैं। आज का काम कल पे चला जाता है। समय की बार्बादी भी होती है। इसलिये अगर आप यह आदत खत्म कर सकें। तो आपके रोज की दिनचर्या में आपको ज्यादा समय मिलने लगेगा। इसके साथ ही आज के काम आज ही होने लगेंगे, सबसे बढकर आपके एक्टिव रहने से शरीर के अंदर बनने वाले रोगों से मुक्ति मिलेगी।

4- कल करे सो आज कर की आदत

हमारी संस्कृति में कहावत थी, कल करे सो आज कर, हम आज के लोगों ने इसको उल्टा करके बना दिया आज करे तो कल कर, कल करे तो परसों इतनी जल्दी क्या है, भईया अभी तो जीना बरसों। लेकिन परेशान, निराश, हताश और बीमार बनकर बरसों जीने से भी क्या फायदा है? दरअसल लोग अपने जीवन में पूरे काम उल्टे करते हैं, और उम्मीद करते हैं अच्छे नतीजों की। आपने कभी सोचा है, कि आपकी जिंदगी में कितने काम बिना किसी करण के ही टलते जाते हैं। दरअसल आलसीपन मन का स्वभाव है, हम उसी के निर्देश पर ही चलते हैं। गलती करते हैं, फिर पछताते भी हैं। इसका थोडा अनुभव आपको भी होगा। इसलिये अगर जीवन-शैली को सुधारना चाहते हैं, तो कल करे सो आज कर की उक्ति को अपने जीवन में उतार लीजिय यानि किसी भी काम को चाहे वह छोटा हो या बडा उसे टालने की आदत को छोड दीजिये। आज का काम आज करने का नियम बनाईये। इस आदत को अपनी दिनचर्या में शामिल करन से आपको बहुत लाभ होगा।

फायदा-

रोज का काम रोज निपटाने से आपके पेंडिंग कामों का बोझ कम होगा, जो आपके तनाव और चिंता का आमतौर पर करण बनते हैं। आप अपने आप को ज्यादा रिलैक्स महसूस करेंगे।

जीवन-शैली मंत्र - जीवन में वेशक व्यस्त रहिये लेकिन अस्तव्यस्त नहीं ।

2

चलिये समय के साथ

लाल बुझक्कड़ के जीवन में सबसे बड़ी समस्या है, समय की कमी। बेचारे सुबह आंख खुलने से लेकर रात को बिस्तर में वापस जाने तक हर दिन घड़ी के साथ रेस लगाते हैं, लेकिन फिर भी हमेशा समय कम पड़ जाता है, ये काम करने जाओ तो वो छूट जाए और वो करने जाओ तो ये। कभी तो ईश्वर से शिकायत भी करने लगते हैं कि दिन के 24 घंटे ही क्यों बनाये 25 क्यों नहीं। समझ नहीं आता कि ये काम ज्यादा और टाइम कम क्यों रहता है, दस मिनिट भी आराम नहीं करते रेस के धोड़े की तरह तो भागते हैं, दिनभर, लेकिन मजाल है कि काम पूरे हो जाएं। दरअसल दुनिया के लोग दो तरह से चल रहे हैं, एक समय के पीछे और दूसरे समय के साथ। हालांकि समय के साथ चलने वालों की संख्या बहुत कम है और पीछे चलने वालों की बहुत ज्यादा। इसलिये अगर आप गौर से देखें तो पूरी दुनिया आपको अस्तव्यस्त नजर आएगी। विवेकानंद जी ने कहीं लिखा कि अगर आपके पास हमेशा समय की कमी रहती है, तो इसका मतलब है कि आप व्यस्त नहीं बल्कि अस्त-व्यस्त हैं। यह हममें से ज्यादातर लोगों की आज ज्वलंत समस्या है। हम यह नहीं समझ पा रहे हैं, कि अगर दिन अस्त-व्यस्त होगा तो जिंदगी अपनेआप अस्त-व्यस्त हो जाएगी। जैसे हजारों मील लंबी यात्रा की शुरुआत एक-एक कदम के साथ होती है, वैसे ही एक व्यवस्थित जीवन की शुरुआत भी एक-एक व्यवस्थित दिन के साथ होती है। इसलिये अगर आप स्वस्थ्य जीवन-शैली को अपनाना चाहते हैं, तो समय के साथ चलना सीखना होगा। यह स्वस्थ्य जीवन-शैली का अहम मूलमंत्र है। यह हर आयुवर्ग के लिए काम का है।

कैसे बिताते हैं, आप अपने 24 घंटे

इस मूलमंत्र को अपने जीवन में अपनाने के लिए सबसे पहले आप अपने दिन के 24 घंटों पर नजर डालिये। अभी आप अपना पूरा दिन किस तरह से बिताते हैं। किस काम को कितना समय देते हैं, कहां समय को बेकार में खर्च कर देते हैं। एक दिन में 1440 मिनिट होते हैं, उनका उपयोग आप किस तरह से कर रहे हैं। क्या आपको इसमें किसी तरह के सुधार या बदलाव की जरूरत महसूस हो रही है, कुछ बातों या आदतों को बदलने की गुंजाईश है। क्या आपको लगता है कि आप अपने दिन का और बेहतर इस्तेमाल कर सकते हैं? अगर आपको इस बात का एहसास है कि, आप जो दिन आज गुजार रहे हैं, उससे बेहतर दिन हो सकता है, तो फिर आपको कुछ बुनियादी बातों को समझना होगा जो कि समय प्रबंधन यानि टाइम मैनेजमेंट से जुड़ी हुई हैं।

समय का सही इस्तेमाल एक कला है

सबसे पहली बात तो यह है कि समय का सही उपयोग एक आर्ट की तरह है, यह एक कौशल है, जो आपको खुद के अंदर विकसित करना होगा। एक सफल और शांतिपूर्ण जीवन के लिए यह कला सीखने जैसी है। अपने समय का बेहतरीन तरीके से इस्तेमाल स्वस्थ्य और सुखद जीवन-शैली का अनिवार्य हिस्सा है। यह जान लें कि हर इंसान के लिए दिन का अलग मतलब होता है। जैसे एक विजनेस मैन, एक एम्पलॉय, एक स्टूडेंट, एक नेता और एक गृहणी इन सबके अपने अलग क्षेत्र और जिंदगी की अलग-अलग प्राथमिकताएं हैं, इसलिये इन सबका दिन एक दूसरे से बिलकुल अलग तरीखे से शुरू होता है। क्योंकि सबका काम अलग और सबकी जरूरतें अलग। लेकिन एक बुनियादी सिद्धांत सबके मामले में काम करेगा, वह है, समय प्रबंधन का। कौन अपने समय का कितना बेहतर इस्तेमाल कर पाता है, इसी से उनकी अपने क्षेत्र में कुशलता और सफलता तय होगी। अमेरिका के प्रेसीडेंट और भारत के पीएम के पास भी उतना ही समय होता है, जितना की आपके पास। इसलिये समय की कमी की शिकायत करना समझदारी नहीं है। बल्कि उसके सही इस्तेमाल के तरीके पर सोचने और सटीक रणनीति बनाने की जरूरत है। जिस दिन आप समय के सही उपयोग की कला सीख जाएंगे उस दिन आप अच्छी जीवन-शैली और जिंदगी के मामले में अपने आसपास के लोगों से काफी आगे नजर आएंगे।

स्वस्थ्य जीवन-शैली के लिए ऐसे करें समय प्रबंधन

आपकी खुशी, सुकून और सेहत का सीधा संबंध आपकी व्यवस्थित जीवन-शैली से है, जितने आप अपने जीवन में व्यवस्थित होंगे, आपके काम समय पर होंगे उतनी शांति और स्वास्थ्य आपके जीवन में उतरेगा। हर दिन के 24 घंटे आपके लिए एक मौके की तरह होते हैं, बिलकुल कोरा कागज। समय आपके सामने से गुजरता है, आप चाहें तो उसे यूहीं बीत जाने दें और आप चाहें तो इसे बेहतरीन दिन बना लें। दरअसल आप अपने समय का किस तरह से उपयोग और निवेश करते हैं, उसी से आपके जीवन की गुणवत्ता तय होती है। हर घंटे में 60 मिनिट होते हैं, यानि 36 सौ सेकेंड। क्या आपने कभी इस तरह सोचा?

- सुबह का कुछ समय सबसे पहले अपने लिए निकालें। भले ही वो 10 मिनिट का ही क्यों ना हो। इस समय कोई प्लानिंग, कोई चिंता नहीं सिर्फ सुबह के ताजे वातावरण का मजा लीजिये कुछ देर बालकनी या गार्डन में बिताईये। बिल्कुल निश्चिंत।

- दिन की शुरुआत के साथ आपके जरूरी काम आपको पता होने चाहिये। डे -प्लान में पहले से उनका आर्डर बनायें। ताकि पता रहे कब कौन सा काम करना है। इससे आपको उलझन नहीं होगी और तय समय पर काम होने से समय की बचत भी होगी।

- रोज के रूटीन कामों में लगने वाले समय पर गौर करते रहें। क्या इसमें से कुछ समय बचाया जा सकता है। समय की बर्बादी रोकना भी उसकी बचत करना है। ठीक आपके पैसे की तरह।

- किसी भी काम के पहले उसके व्यवहारिक पहलू को जरूर देखें उसी हिसाब से उसमें लगने वाले समय की योजना बनायें। इस बात को समझें कि सब काम एक दिन में नहीं हो सकते। इसलिये उतने काम ही हाथ में लें जितने संभव हैं। अपने ऊपर गैरजरूरी बोझ लादने से बचें। यह तनाव बढाता है।

- क्या आपने कभी सोचा है कि जिस काम के लिए आप निकले अगर वह नहीं हुआ तो फिर आप क्या करेंगे। यानि आपके पास फिर उस समय के लिए कोई विकल्प तैयार होता है या फिर वह समय ऐसे ही खराब होता है। सीधे शब्दों में अपने समय के सही इस्तेमाल के लिए आपको हमेशा बी- प्लान तैयार रखना चाहिये।

- एक साथ कई काम करना आपके तन और मन दोनों को थकाने का काम करता है। गलती और नुकसान होने की आशंका भी रहती है, इसलिये एक समय में एक काम का सिद्वांत अपनाएं, भले दो काम कम हों। इसके साथ ही समय की पाबंदी का भी ध्यान रखें। इससे आपका टाइम टेविल भी नहीं बिगडेगा।

- बडे काम हमेशा लिखित प्लानिंग करके करें। इससे आपको उसमें लगने वाले समय का पहले से अंदाजा रहे। इस तरह ऐसे काम जो एक दिन में पूरे नहीं हो सकते उन्हें हिस्सों में बांटकर दो-तीन दिन में आराम से किया जा सकता है।

- अपने कामों और योजनाओं को तीन हिस्सों में बांट लें, एक दिन में होने वाले, एक सप्ताह में होने वाले और एक महीने में होने वाले। हां हर काम के लिए डेडलाइन जरूर रखें। ताकि आपको पता रहे हैं, काम कब तक पूरा कर लेना है।

- अपने टाइम टेविल की हर सप्ताह समीक्षा जरूर करें। अगर कहीं समय बर्बाद हो रहा है, तो उसें रोकें, कहीं सुधार की जरूरत है, तो सुधार करें। काम और स्थितियां बदलें तो उसके हिसाब से बदलाव भी करें। साथ ही फुर्सत में सोंचें की अपने समय का और अच्छा उपयोग कैसे हो सकता है।

- हर दिन का काम खत्म होने के बाद 5 मिनिट अपने दिन की समीक्षा जरूर करें। इससे आपको पता चलेगा कि आप किस दिशा में जा रहे हैं, आपके समय का उपयोग आपकी योजना के मुताबिक हो रहा है, या अभी और कोशिश करनी होगी।

- जीवन में स्वस्थ्य और सफल होने के लिए अनुशासन और समय की पाबंदी दो जरूरी बातें हैं। इसलिय स्वानुशासित और समय के पाबंद बनिये। जो समय का पांबद नहीं, उसके लिए जीवन में कभी अच्छा समय नहीं आता। समय की कीमत पहचानिये। फिर आपको सफलता के उदाहरण तलाशने नहीं पडेंगे बल्कि आप दूसरों के लिए खुद उदाहरण बन जाएंगे।

जीवन-शैली मंत्र- समय पर काम, मतलब जीवन आसान

3

खाईये जीने के लिए

मशहूर रोमन कवि ओविडियस नासो ने कहा है कि भूख से कम खाना हमेशा अच्छा होता है। आपने घर के बुजुर्गों से भी यह बात सुनी होगी। हमारा आर्युवेद भी इसी बात का समर्थन सदियों से करता रहा है। लेकिन लाल बुझक्कड को यह बात कौन समझाए। दुनिया में पहले दो तरह के लोग थे एक जीने के लिए खाने वाले और दूसरे खाने के लिए जीने वाले अब एक तीसरी प्रजाति पैदा हो गई है, खाने को बीमारी बनाने वाले। आजकल इन्हीं की संख्या हर तरफ ज्यादा नजर आती है। लाल बुझक्कड भी इनमें से एक हैं। लोगों ने पेट को एक डब्बा समझ रखा है, जिसे बस किसी तरह से भरना है। क्या करें लाइफ जो फास्ट हो गई है। ऐसे में स्लो फूड कैसे काम कर सकता है। फूड भी फास्ट चाहिये, फिर वह भले ही कूडा कचरा ही क्यों ना हो। आधुनिक दुनिया में खाना स्वस्थ्य जीवन-शैली के लिए सबसे बड़ा खतरा और चुनौती बन गई है। देखकर हैरानी होती है, कि किस तरह लोग अपनी ही मेहनत के पैसे से बीमारियां खरीद रहे हैं। आज दुनिया में जितने डायबिटीज के मरीज हैं, उनमें से 75 फीसद से ज्यादा सिर्फ खान-पान की गलत आदतों के चलते इस बीमारी के शिकार बने हैं। आज के आदमी को ना तो यह पता है कि कब खाना है और ना यह पता है कि क्या खाना है। बाजार में सेहतमंद चीजों की कोई कमी नहीं है। लेकिन आदमी खाने की रददी चीजें ही खरीदकर खा रहा है। जीभ का लालच इस कदर हावी है कि सेहत को लोगों ने ताक पर रख दिया। हम बीमार होने को तैयार हैं, लेकिन आदत बदलने को नहीं।

स्वस्थ्य जीवन-शैली की पहली जरूरत हेल्दी फूड

जो मिला खा लिया, जब मिला खा लिया, ठीक से बिना चबाये गटक लिया। इस तरह खाना खाकर आप सिर्फ बीमारी मोल ले रहे हैं। दरअसल अहार आपके

जीवन का आधार है, आपके शरीर को ताकत खाने से ही मिलती है। अगर खाना ठीक नहीं होगा तो आपका शरीर भी ज्यादा दिनों तक सेहतमंद नहीं रह पाएगा। नतीजे आपके सामने हैं। किस तरह लोग रोगों के शिकार हो रहे हैं। वही खानपान की आदत हम बच्चों को भी सिखा रहे हैं। बिना इस बात की परवाह किये कि इसके नतीजे हमारी अगली पीढी पर क्या होंगे।

हम हर साल खा रहे हैं, 25 000 करोड का फास्ट फूड

साल 1972 में सबसे पहले फास्ट फूड का जन्म माना जाता है। भारत जितना यह दुनिया में कहीं भी लोकप्रिय नहीं है। साल 2016 में फास्ट फूड का सालाना करोबार देश में 8,500 करोड रूपये का था, जिसमें हर साल 25 फीसद के दर से वृद्दि हुई। तब ऐसोचेम ने साल 2020 तक इस कारोबार के सालाना 25 हजार करोड रूपये के टर्नओवर पर पहुंचने की बात कही थी, यानि इस समय हमारे देशवासी हर साल 25 हजार करोड रूपये से ज्यादा का फास्ट फूड खा रहे हैं, यह आंकडा इससे ज्यादा का भी हो सकता है।

तब कैसे बदलें आदत

सीधी सी बात है, जिस तरह ज्यादातर लोग बिना सोचे समझे जी रहे हैं, वैसे ही बिना सोच विचार के खा भी रहे हैं। जबकि कई शोधों ने यह साबित किया है कि मोटापे से लेकर दिल और सेहत संबधी कई गंभीर बीमारियां फास्ट फूड यानि जंक फूड की देन है। सार में कहा जाए तो फास्ट फूड आपके शरीर को जाम कर रहा है। दूसरी मुश्किल यह है कि हम घरों और होटलों में भी जो खा रहे हैं, उसका भी हमारी सेहत से कुछ खास लेना देना नहीं दिखता। आज का इंसान हेल्दी खाने को भूल ही गया है। लेकिन एक बात जान लें, कि अगर आप एक अच्छी जीवन-शैली के साथ अपनी जिंदगी बिताना चाहते हैं, तो आपको अपने खानपान की आदत में सुधार करना ही होगा। यह सिर्फ आपकी इच्छाशक्ति और संकल्प से हो सकता है। मैं अब समस्या के और विस्तार में ना जाकर सीधे समाधान की बात करूगा, और डरें नहीं मैं यहां कोई लंबा चौडा प्रोटोकॉल भी खानपान को लेकर आपको नहीं बताने जा रहा हूं। खानपान के मामले में मेरा सीधा सा फंडा है आप गलत चीजों से थोडी सी दूरी बना लें और दो-तीन बुनियादी बाते हैं, जिनका पालन खानेपीने के मामले में अपना लें तो भी काम चल जाएगा। यानि मैं आपको कोई रोटी,दाल,चावल और दूसरे मनपंसद खाने छोडकर फल-फूल खाने की सलाह नहीं दे रहा हूं, महज कुछ बुनियादी बातें हैं जिनको व्यवहार में लाया जा सकता है। मैं इस बात से सहमत हूं कि भागदौड भरी जिंदगी में आप सब काम छोडकर सिर्फ खाने की चिंता नहीं कर सकते हैं। अकसर जब हम हेल्दी डाइट की बात करते हैं, तो लोग इसे सैद्वांतिक

बात मानकर सुन तो लेते हैं, अपनाने में संकोच करते हैं, या अपने बूते से बाहर की बात मानते हैं। इसलिये मैं यहां वही बात कहूंगा या लिखूंगा जिसे आप अपने जीवन में अपना पांए।

सबसे पहले पानी -

पानी जीवन के लिए सबसे कीमती है, यह बात आपने हमेशा सुनी, मानी कभी नहीं। इसलिये नौबत यहां तक आ गई कि खाना तो ठीक है, लोग अब ठीक से पानी पीने का तरीका भूल गए हैं। इसलिये दोहरा देता हूं। इंसान के शरीर में 65 प्रतिशत के लगभग पानी होता है। इस बैलेंस को बनाये रखना सेहत के लिए बहुत जरूरी है, जब शरीर में यह प्रतिशत घटता है, तो दिमाग आपको प्यास का सिंगनल देता है। इसलिये कहा जाता है कि हमें प्रतिदिन 8 गिलास पानी जरूर पीना चाहिये। आप हर दिन कितने गिलास पीते हैं, कभी गौर किया? अगर नहीं तो अब इस आदत को बदलना शुरू कीजिये। सेहत की पहली जरूरत पर्याप्त पानी। इसके अलावा भी पानी में कई खूबियां हैं।

- अगर आप प्रतिदिन 2 लीटर पानी पीते हैं, तो हर दिन आपकी 96 कैलोरी अतरिक्त खर्च होने लगती है।

- पबमेड- जीओबी की रिसर्च कहती है कि एक बार में आधा लीटर पानी पीने से मेटाबॉलिज्म अस्थायी तौर पर 30 फीसदी तक बढता है।

- नेशनल लाइब्रेरी ऑफ मेडीसन में प्रकाशित एक रिसर्च कहती है कि खाने के आधा घंटे पहले पानी पीने से यह शरीर के अंदर भोजन के जरिये पहुंचने वाली कैलोरी की मात्रा को नियंत्रित करने में मददगार है, खास तौर पर ज्यादा उम्र के लोगों के लिए। यानि पानी वजन कम करने में भी मददगार है।

- पर्याप्त मात्रा में पानी आपको डिहाइड्रेशन से बचाता है, इसके साथ ही थोडे-थोडे अंतराल पर पानी से गला तर रहता है, जो संक्रमण को अंदर जाने से रोकने में मददगार है।

और गर्म पानी इसलिये फायदेमंद

वैसे तो गुनगुना पानी हर सीजन में फायदेमंद होता है, लेकिन सर्दियों के मौसम में इसकी अहमियत और बढ जाती है। सर्दी में लोग कम पानी पीते हैं, जिससे डिहाइड्रेशन की समस्या हो सकती है। ऐसे में गर्म या गुनगुना पानी शरीर में नमी बनाये रखता है।

- गर्म पानी डाइजेशन को बेहतर बनाता है, और इससे जुडी समस्याओं को दूर करता है।

- गर्म पानी के उपयोग रक्त संचार में सुधार होता है, स्टडी बताती हैं कि गर्मियों के मुकाबले सर्दियों में ब्लड प्रेशर ज्यादा होता है। गर्म पानी सिकुडी रक्त वाहिकाओं को फैलाने का काम करता है।

- जिन लोगों को मांसपेशी में खिंचाव या जोडों का दर्द समस्या बनता है, उनके लिए गर्मपानी पीना बहुत फायदेमंद है। यह पानी दर्द, मांसपेशी के खिंचाव के साथ ही पीरीयडस के समय होने वाली पेट की ऐंठन को भी कम करता है।

-अगर आप अपने बढते वजन या मोटापे से परेशान हैं, तो अपने दिन की शुरुआत एक गिलास गर्म पानी के साथ करें।

- गर्म पानी में वैक्टीरिया से लडने की ताकत होती है, लिहाजा गर्म पानी नाक और गले के लिए हमेशा फायदेमंद होता है।

और खाने मे शामिल करें यह आदतें

-सबसे पहले फास्ट फूड और जंक फूड और बाजार के खाने से दूरी बनायें। किसी भी सूरत में यह महीने में दो बार से ज्यादा नहीं होना चाहिये।

- अपने भोजन में शकर,नमक, मैदा और रिफाइंड ऑयल जैसी सफेद चीजें कम करें। उनकी जगह अंकुरित अनाज, सलाद, फल, गुड और मूंगफली, कददू, अलसी के बीज शामिल करें।

- अपने खाने में समय-समय पर काले तिल,काले चावल, काली मिर्च, उडद दाल, काला लहसुन,काला जैतून और काले अंगूर जैसे काले खाद्य पदार्थों का उपयोग भी करते रहें। ये काली चीजें सेहत के लिए बहुत काम की हैं।

- गेंहू के आलावा दूसरे अनाजों जैसे- मक्का, ज्वार, बाजरा, रागी और दलिया को भी अपने खाने में जगह दें। ये सभी अनाज फायदेमंद तत्वों से भरपूर हैं, इनमें सेहत देने वाले कैल्शियम, विटामिन, प्रोटीन, आयरन और फाइबर पाए जाते हैं। मिक्स अनाज का सेवन स्वास्थ्य के लिहाज से बहुत अच्छा माना जाता है।

- 1913 में आई अंग्रेजी की कहावत एन एप्पल अ डे कीप्स द डॉक्टर अवे। आज भी बडे काम की है कैंसर और दिल की बीमारियों से बचने की सबसे कारगर दवा है, सेव। अगर सेव पंसद नही तो कम से कम एक कोई फल रोज खाने की आदत अपनायें।

- वैसे तो हर उम्र में खानेपीने का खयाल रखना जरूरी है, लेकिन अगर आप 40 पार हो चुके हैं, तो चीनी का उपयोग बहुत ध्यान से करें। चाय-कॉफी भी दिन में 3 कप से ज्यादा ना लें।

-40 पार के लोग हर दिन 4 चीनी, 5 ग्राम नमक और तेल 3 टीस्पून से ज्यादा इस्तेमाल करने से बचें। इनकी जगह अखरोट, बादाम और काजू जैसे सूखे मेवों

का उपयोग सीमित मात्रा में करते रहें।

- ग्रीन टी या ब्लैक टी भी सेहतमंद विकल्प हैं, दूध वाली चाय का एक कप कम करके इन्हें अपनी डाइट में स्थान दें। इसके साथ ही तुलसी और मीठी नीम का खाने में नियमित उपयोग करें।

- इंसान ने लोहे के वर्तनों से शुरू किया और नॉनस्टिक तक पहुंच गया। लेकिन इनमें बना खाना सेहत पर असर करता है। जबकि मिट्टी के वर्तन में कम तेल में अच्छा खाना बन जाता है, साथ ही इसमें कैल्शियम, आयरन और मैग्नीशियम जैसे तत्व अपने आप जुड जाते हैं। यह खाने की खुशबू और सेहत को भी कायम रखते हैं। आप चाहें तो मिट्टी के वर्तन में कुकिंग आजमा सकते हैं।

स्लो डाउन फूड का नियम-

यानि खाने की गति को कम करना भी एक अहम नियम है, दरअसल जब आप तेजी से खाने को खाते हैं, तो दिमाग को पेट भरने का संकेत देर से मिलता है, जिसका असर यह होता है, कि आप जरूरत से ज्यादा खाना खा लेते हैं। नतीजा मोटापा और दूसरी समस्याओं के तौर पर सामने आता है। स्लो डाउन फूड यानि धीमी गति से खाना खाने का नियम आपको इस परेशानी से बचाता है। सही तरीका भी यही है, हमारे परंपरागत ज्ञान में कहा गया है कि भोजन को अच्छी तरह से आराम से और चबाकर खाना चाहिये। कहा जाता है, कि भोजन के एक निवाले को 32 बार चबाकर ही निगलना चाहिये। इसी तरह पानी और पेय पदार्थों को भी धीरे-धीरे पीना चाहिये। इस तरह से खाना-पीना सेहत के लिए फायदेमंद होता है। इससे वजन और पाचन संबधी परेशानी नहीं होती। अगर आप ऐसा नहीं करते तो बिना ठीक से चबाये खाया हुआ खाना आपके शरीर में दर्जनभर से ज्यादा सेहत संबधी समस्याओं को जन्म दे सकता है। हमारी संस्कृति में सही आहार को भी उपचार का हिस्सा माना गया है।

और अंतिम बात विरूद्व आहार

खाने पीने की बहुत सारी चीजें ऐसी भी हैं, जिनकी तासीर एक-दूसरे से उल्टी होती है, इसलिये इन्हें हमारे आर्युवेद ने विरूद्व आहार कहा है, यानि इनको एक साथ कभी नहीं खाना चाहिये। आजकल लोगों को इस बारे में कम जानकारी है, लेकिन ऐसे आहारों का एक साथ उपयोग करना सेहत पर भारी पड सकता है। इसलिये इन्हें एक साथ नहीं खाना चाहिये।

- आर्युवेद में दूध और मछली को एक साथ खाने की मनाही है। क्योंकि इससे त्वचा रोग और पाचन से संबधित गंभीर बीमारियों का खतरा होता है।

- इसी तरह से दूध के साथ खट्टे, नमकीन, कसैले और तीखे फलों को नहीं खाना चाहिये। हां मीठे फल दूध के साथ खाए जा सकते हैं।

- खाने के साथ फलों का सेवन करने से बचना चाहिये। या तो खाने से कुछ देर पहले या फिर कुछ देर बाद फलों को खाना ठीक है।

- आजकल बहुत सारे लोग दूध और केले का साथ में सेवन करते हैं, लेकिन यह जान लें कि आर्युवेद इसे जहर के समान मानता है। यह नुकसानदायक है।

- इसके साथ ही चावल अगर दूध के साथ है, तो उसमें शकर का ही इस्तेमाल होना चाहिये। दूध के साथ नमक का उपयोग विरूद्व आहार है, और नुकसानदायक है।

- खाने में गर्म दही का सेवन भी प्रतिबंधित है, दही को हमेशा ठंडा ही खाना चाहिये।

- इसके अलावा खाने की वे सारी चीजें जिनकी तासीर ठंडी और गर्म अलग-अलग है, उनको भी एक साथ नहीं खाना चाहिये। यानि सर्द और गर्म चीज एक साथ नहीं खानी चाहिये।

यह समझना जरूरी है, कि खानपान और सेहत का सीधा संबंध है। अगर खानपान गड़बड़ रहेगा तो आप कभी भी स्वस्थ्य जीवन नहीं जी सकते। इसलिये आज से ही इस पर ध्यान देना शुरू करें। यहां मैंने जितनी बातें लिखीं हैं अगर आपने उनमें से आधी पर भी अमल कर लिया तो भी आप आराम से सेहतमंद रह सकते हैं। लिहाजा खानपान की अच्छी आदतों को अपनी जीवन-शैली का हिस्सा बनायें।

जीवन-शैली मंत्र- हमेशा भूख से एक रोटी कम खाईये और प्यास से एक गिलास पानी ज्यादा पीजिये।

4

गहरी नींद जरूरी है

लाल बुझक्कड अजीब हैं, पहले जब उन्हें नींद आती थी, तब वे सोने को तैयार नहीं होते थे, अब सोना चाहते हैं, और नींद नहीं आती। अब उनकी नींद दवाओं की मोहताज है। वैसे हम सब भी तो अपनी नींद के साथ ऐसा ही खिलवाड कर रहे हैं। रिसर्च तो कम से कम यही कहती हैं। भारत में युवाओं की नींद सप्ताह में करीब 50 घंटे तक कम हो चुकी है। बच्चों की स्थिति भी कुछ बहुत अच्छी नहीं है। देर रात तक जागने और सुबह देर से उठने के कारण ज्यादातर लोगों की नींद अनियमित हो गई है। क्योंकि सोने और जागने का टाइम सही नहीं होने से शरीर की वायलॉजिकल क्लॉक गडबड हो जाती है। जिसका असर आपकी सेहत पर पडता है, इसलिये गहरी नींद को स्वस्थ्य जीवन-शैली के लिए बहुत जरूरी माना जाता है। शोध कहते हैं कि, 17 घंटे लगातार जागने पर शरीर पर लगभग वैसा ही असर होता है, जितना की 2 गिलास शराब पीने का। इसी तरह 24 घंटे जागने पर 4 गिलास वाइन के बराबर का नुकसान शरीर को होता है। आजकल देर से सोना और जागना ज्यादातर लोगों की जीवन-शैली है। भागदौड भरी जिंदगी में गहरी नींद लोगों के लिए कोई बहुत महत्व की बात नहीं रह गई है। लेकिन उन्हें यह पता नहीं कि इसकी बडी कीमत जीवन में आगे चलकर चुकानी पड सकती है।

नींद का हाल बे हाल -

देश के नींद संबधी आंकडों पर नजर डाली जाए तो मामले की गंभीरता समझ आती है। आम आदमी जहां 7 घंटे 50 मिनिट सो रहा है, तो सीईओ और चैयरमैन पोस्ट के लोगों की नींद 6 घंटे 15 मिनिट है। प्रोफेशनल्स 6 घंटे 33 मिनिट सो रहे हैं, और सीनियर मैनेजर 6 घंटे 18 मिनिट। अब कोरोनाकाल में यह आंकडे और बदतर स्थिति में पहुंच गए हैं। क्योंकि ऑनलाइन काम और क्लासेस के साथ ही

डिजीटल मनोरजंन के साधानों ने भी नींद के घंटों को कम करने का काम किया है। अब टीनएजर्स और बच्चों की नींद भी कोविड से पहले की तुलना में कम हो चुकी है। इन आंकडों से एक बात और साफ है कि आठ घंटे की नींद किसी को भी नसीब नहीं है। दूसरे यह आंकडे हमारे इंसान से मशीन बनने की कहानी को भी वयां करने के लिए काफी हैं।

नींद की कमी से नुकसान ही नुकसान -

अच्छी सेहत की बात करें तो गहरी नींद भी स्वास्थय के लिए उतनी ही जरूरी है, जितना कि व्यायाम। हमेशा चुस्त और तंदरुस्त रहने के लिए हर रोज कम से कम 7 घंटे की नींद बहुत जरूरी है। लेकिन इस समय 90 फीसदी से ज्यादा लोग नींद की कमी या अनियमित नींद की समस्या से लगातार जूझ रहे हैं। यह स्थिति सेहत और शांति के लिए खतरे की घंटी है।

- कम या अधूरी नींद का सबसे पहला नुकसान यह है कि नींद पूरी ना होने से वजन बढने का खतरा पैदा होता है। दिनभर थकान और सुस्ती बनी रहती है।

- गहरी नींद का संबध मन की सेहत से भी है, अगर आप 7 से 8 घंटे की गहरी और पर्याप्त नींद नहीं लेते तो आपको मानसिक समस्याओं का सामना करना पड सकता है। इस समय कई लोग नींद की कमी की वजह से ही डिप्रेशन, एंग्जाइटी और कई तरह के डिसऑर्डर आज नींद की कमी से पैदा हो रहे हैं। -यूरोपियन हार्ट जर्नल के मुताबिक पर्याप्त नींद की कमी से दिल से संबधित बीमारियों का खतरा बढ जाता है। अनियमित नींद दिल की कार्यक्षमता को प्रभावित करती है।

- नींद की कमी से शरीर में इंसुलिन के उत्पादन को प्रभावित करती है। इससे हमारी कोशिका इंसुलिन का उपयोग करने में कम प्रभावी हो जाती है। लिहाजा नींद की कमी से डाविटीज का खतरा भी होता है।

- कम नींद लेने से गुस्सा, मूड स्विंग और याददाश्त पर असर जैसी समस्याएं भी हो सकती हैं।

- अगर एक भी दिन आपकी नींद पूरी नहीं होती तो आपकी इम्यूनिटी अगले दिन 70 प्रतिशत तक कम हो जाती है। अगर यह स्थिति कई दिनों तक बनी रहे तो सेहत पर और भी बुरा असर होता है।

- नींद की कमी का असर सीखने की क्षमता पर भी पडता है, इससे इंसान की सीखने की क्षमता 40 फीसदी तक कम हो जाती है, और दिमाग का इनवॉक्स कहा जाने वाला घटक हिप्पोकैम्पस नई बातों को ज्यादा देर तक याद नहीं रख पाता।

- इस समय स्क्रीन से निकलने वाली व्लू लाइट भी नींद और सेहत को नुकसान पहुंचा रही है। इस लाइट के असर से लोगों को अनिद्रा की समस्या हो रही है, साथ

ही आंखों में सूखापन और रेटिना को नुकसान के चलते नींद पर असर हो रहा है।

कुलमिलाकर नींद को हलके में लेना समझदारी की बात नहीं है, क्योंकि नींद की कमी आपके लिए और हजार तरह की समस्याओं के दरवाजे खोल सकती है। अपने कामकाज के टेंशन और रोजमर्रा की भागदौड़ में लोग पर्याप्त और गहरी नींद की जरूरत को नजरअंदाज कर रहे हैं, जो कि बहुत महंगा सौदा है। आज हमारे देश में हर सातवां व्यक्ति स्लीपिंग डिसआर्डर का शिकार है। मनोविज्ञान के मुताबिक कुल 80 तरह के नींद से जुड़े डिसआर्डर हैं।

नींद बिगड़ने के चार अहम कारण हैं।

1- जरूरत से ज्यादा चाय-कॉफी का सेवन, जो नींद की गुणवत्ता पर असर डालता है।

2- लंबी सिंटिंग और काम के दबाव वाले जॉब जो दिमाग पर लगातार तनाव को हावी रखते हैं। यानि जरूरत से ज्यादा मानसिक थकान।

3- बहुत कम या ना के बराबर शारीरिक श्रम करना। यानि दिनभर में बिलकुल ना थकना।

4- नेचर से दूरी यानि प्राकृतिक से ज्यादा कृत्रिम वातावरण में रहना। आंकड़े बताते हैं, कि गांवों के लोगों की तुलना में शहरी आबादी को नींद संबधी समस्याएं ज्यादा हैं।

इनके साथ ही अब बढता हुआ प्रदूषण भी नींद में खलल का कारण बन रहा है, क्योंकि इसके चलते इंसानी शरीर को पर्याप्त मात्रा में ऑक्सीजन नहीं मिल पाती। जो दिमाग में हार्मोनल डिस्टर्वेंस का कारण बन रही है। वहीं नींद आने के समय पर नहीं सोना, रात में बार-बार उठकर फोन या लेपटॉप को चैक करना और अन्य दूसरे कारण भी नींद की समस्या को बढा रहे हैं। तो अच्छी नींद के लिए क्या करें- मैं पहले ही कह चुका हूं कि अच्छी नींद के बिना अच्छी जीवन-शैली और सेहत की बात ही बेमानी है। इसलिये जिन्हें भी जीवन में शांत, स्वस्थ्य और सफल होना हो वे सबसे पहले अपनी नींद को ठीक करने पर ध्यान दें। इस मामले में कुछ तरीके स्लिपिंग डिसआर्डर को रोकने में आपकी मदद कर सकते हैं।

1- सबसे पहले अपने काम-व्यस्ताओं और दिनचर्या के हिसाब से अपने सोने का एक समय तय करें, और हर रोज तय समय पर बिस्तर पर जाने की आदत बनायें। किसी भी वजह से इसे डिस्टर्व ना होने दें। जैसे ही शरीर आपको नींद का संकेत दे, वैसे ही बिस्तर पर चले जाएं।

2- बिस्तर पर पहुंचने के बाद सोचने का काम बिलकुल भी ना करें। बल्कि शांत होकर सोने की कोशिश करें। अगर लेटने के 25 मिनिट के अंदर नींद नहीं आती तो

फिर लेटे ना रहें, उठ जाएं थोडी देर टहलने या कुछ और करने के बाद फिर बिस्तर पर जाएं।

3- रात के खाने का समय तय रखें। यह सोने से 2 नहीं तो कम से कम 1 घंटे पहले का जरूर हो, इसी तरह से फोन और स्क्रीन से भी सोने के 1 घंटे पहले दूरी बना लें। बिस्तर पर लेटकर फोन या मेल बगैरह चैक ना करें।

4- दिन में कम से कम 30 मिनिट शारीरिक श्रम जरूर करें ताकि थोडी थकान हो, इसके साथ ही दिन में या शाम के समय सोने के आदत है, तो इसे बंद करें तभी रात में गहरी नींद आएगी।

5- दिनभर की उलझनों के चलते बिस्तर पर पहुंचते ही दिमाग का पूरी तरह शांत होना संभव नहीं होता। ऐसे में पूरे दिन चली दिमागी उथलपुथल से ध्यान हटाने के लिए आप चाहें तो बिस्तर पर जाने से पहले कुछ अच्छा पढ सकते हैं, या फिर थोडा संगीत सुन सकते हैं। आप चाहें तो सोने से पहले जिस भी धर्म को आप मानते हैं, उससे जुडी किसी छोटी प्रार्थना या फिर मंत्र को लेटे-लेटे दोहरा सकते हैं। इन तीनों तरीकों से दिमाग में चलने वाली उथल पुथल को शांत करने में मदद मिलती है।

6- सोने से पहले चाय-कॉफी का सेवन अनिद्रा को बढाता है, इसलिये भूलकर भी सोने से पहले इनका सेवन ना करें। ओवरइटिंग और तेल-मसाले से बना चटपटाखाना भी नींद को प्रभावित करता है, इसलिये खाते समय इसका सीमित उपयोग करें।

7- गुनगुना हल्दीवाला दूध सोने से पहले पियें क्योंकि यह अच्छी नींद में मददगार साबित होगा।

8 - सोने से पहले सिर और हाथ-पैरों के तलबों में गुनगुने तेल की मालिश भी आपको अच्छी नींद लेने में मदद कर सकती है, सप्ताह में एक दो बार इस तरह की मालिश की आदत बनायें।

9- स्वच्छता का भी गहरी नींद से लेनादेना है। इसलिये बिस्तर जाने से पहले अपने दांतों और हाथ-पैरों के साथ ही चेहरे की सफाई को भी आदत बनाईये। साफसुथरे बिस्तर पर नींद जल्दी और आसानी से आती है।

10- अगर रात अच्छी नींद चाहिये तो सुबह जल्द बिस्तर छोडना होगा। सुबह देर तक सोने से नींद का चक्र बिगड जाता है। सुबह जितनी जल्द बिस्तर छोडेंगे रात को उतनी जल्दी शरीर आपको सोने का संकेत देगा।

जीवन-शैली मंत्र- सेहतमंद रहने और लंबी उम्र के लिए 7 से 8 घंटे की गहरी नींद जरूरी है।

5

अच्छी नहीं स्क्रीन की लत

तकनीक के युग में लालबुझक्कड भी आधुनिक हो गए। लोगों से सुना कि स्मार्टफोन रखना स्मार्टनेस की निशानी है तो खुद के साथ पूरे परिवार को स्मार्टफोन दिला दिया। फिर महामारी ने सहयोग किया तो फोन बच्चों तक भी पहुंच गया। अब लालबुझक्कड का पूरा परिवार स्क्रीन पर ही व्यस्त है। कब सुबह होती है कब शाम कुछ पता ही नहीं चलता। भले ही कोई जरूरी काम छूट जाए या फिर कहीं जाने में देरी हो जाए लेकिन स्क्रीन छूटना मुश्किल है। अब वे कहते हैं क्या करें साहब, है तो मुसीबत लेकिन आज के जमाने की जरूरत भी तो है। क्या लालबुझक्कड की कहानी आपसे मिलती जुलती है ?

दरअसल इक्कसवीं सदी में स्क्रीन की लत स्वस्थ्य जीवन-शैली के लिए नई सबसे बडी चुनौती बनकर उभरी है। कभी सोचता हूं तो तय नहीं कर पाता कि क्या हर सुविधाजनक और अच्छी चीज के दुरूपयोग का रास्ता ढूंढ लेना इंसान का स्वभाव है। तकनीक ने हमें एक सुविधा दी और हमने उससे परेशानी का रास्ता निकाल लिया। सायवर सिकनेस, नीमोफोबिया, सोशल मीडिया एंगजायटी डिसऑर्डर, और डिजीटल एडिक्शन उन बीमारियों के नाम हैं जो पिछले 5 सालों में हमने अपने लिये पैदा कर लीं हैं। नौबत यह आ गई है कि बच्चे हाथ से निकल रहे हैं, पति-पत्नि के रिश्ते दरक रहे हैं। परिवारों में झगडे बढ रहे हैं। दीवानगी ऐसी है, कि लोग जान तक देने को तैयार हैं। डीएसएम यानि डायग्नोस्टिक एंड स्टेटिस्टिकल मैन्युअल ऑफ मेंटल डिसऑर्डर जो कि दुनियाभर के मानसिक स्वास्थ्य जानकारों और स्पेशलिस्ट द्वारा तैयार किया जाने वाला दस्तावेज

है, और जिसमें मनोवैज्ञानिक मानसिक बीमारियों जैसे फोबिया और एंगजायटी वाली बीमारियों की जानकारी डाली जाती है, में अब नई मानसिक बीमारी के तौर पर डिजिटल एडिक्शन को जोड़ने की तैयारी हो रही है। मतलब जल्द ही स्क्रीन की लत का एक मनोवैज्ञानिक बीमारी की तरह इलाज किया जाएगा। आपकी दिनचर्या में कुछ और दवाएं बढ जाएंगीं। सोचने पर अजीब लगता है कि फोन तो स्मार्ट हो गए लेकिन लोग?

शौक, जरूरत और अब लत

दुनिया में पहला सोशल मीडिया प्लेटफार्म साल 1997 में न्यूयॉर्क, अमेरिका में लॉच हुआ था, जिसका नाम था सिक्स डिग्री। यह दुनिया में सोशल मीडिया की शुरुआत थी। 2004 में फेसबुक जिसे अब मेटा कहा जाने लगा है, की स्थापना के बाद लोगों में सोशल मीडिया का शौक बढना शुरू हुआ। आज अकेले भारत में वाटसएप के 40 करोड,फेसबुक के 28 करोड और इंस्टाग्राम के 8 करोड से ज्यादा युजर्स हैं। इसमें ओटीटी और ऑनलाइन गेमिंग के यूजर्स के आंकडों को और जोड दिया जाए तो यह संख्या हैरानी में डालने वाली होगी। यानि पहले शौक फिर जरूरत और अब लत में बदल गई स्क्रीन। हालांकि इसमें कोरोना महामारी ने भी पिछले दो सालों में अहम भूमिका निभाई है, लेकिन चिंता यह है कि महामारी तो आज नहीं कल चली जाएगी, लेकिन यह लत अब इंसान का पीछा कैसे छोडेगी जो कि अब खुद एक महामारी बन चुकी है।

2021 में लोगों ने स्मार्टफोन पर खर्च किए 3.8 करोड घंटे

एप एनी की जनवरी-2022 में जारी रिपोर्ट बताती है, कि पिछले साल यानि 2021 में पूरी दुनिया के लोगों ने औसत 4 घंटे 8 मिनिट स्मार्ट फोन पर बिताए हैं। वैश्विक स्तर पर स्मार्ट फोन यूजर्स ने पूरे साल में रिकार्ड 3.8 करोड घंटे मोबाइल पर बिताए हैं। 2019 में यह समय 3 घंटे प्रति यूजर था, और 2020 में 3.7 घंटे था, जो 2021 में बढकर 4.8 घंटे हो गया। रिपोर्ट के अनुसार भारतीयों ने 2021 में स्मार्ट फोन पर औसत 4.7 घंटे रोज बिताए। इस तरह मोबाइल यूज के मामले में भारत पिछले साल दुनिया में चौथे नंबर पर रहा। पहले नंबर पर ब्राजील, दूसरे पर दक्षिण कोरिया और तीसरे नंबर पर मैक्सिको रहे। इधर डेटा रिपोर्टल, प्यू रिसर्च एंव अन्य रिसर्च स्टडीज के मुताबिक हमारे देश में 16-24 साल के लोग - 2 घंटे 53 मिनिट,25-34 साल के लोग - 2 घंटे 34 मिनिट ,35- 44 साल के लोग- 2 घंटे 14 मिनिट,45-54 साल के लोग- 1 घंटा 50 मिनिट और 55- 64 साल के लोग- 1 घंटा 20 मिनिट औसत प्रतिदिन के हिसाब से मोबाइल इस्तेमाल कर रहे हैं, लेकिन जरूरत, पेशा और अन्य कारण के चलते यह समय और भी ज्यादा है।

यानि समय का बंटवारा इस समय जिस तरह हो रहा है, उसमें हम भारतीय सबसे ज्यादा 3 घंटे से ज्यादा का समय टीवी देखने में और करीब इतना ही समय सोशल मीडिया पर बिता रहे हैं। इसमें बच्चों के स्क्रीन टाइम के आंकडे बेहद चिंता पैदा करने वाले हैं, क्योंकि वे 6 से 8 घंटे तक स्क्रीन के सामने बिता रहे हैं। मनोवैज्ञानिक इस स्थिति को चिंताजनक मानते हैं, उनका कहना है कि स्क्रीन की लत उतनी ही घातक और खतरनाक है, जितनी की डग्स की लत।

अब बनने लगी नई महामारी

लगातार स्क्रीन की लत अब लोगों को बीमार बनाने लगी है, कोविड काल के दौरान पनपी इस लत का असर बच्चों से लेकर बडों तक सब पर नजर आने लगा है। लॉकडाउन के दौरान जयपुर के जे के लोन अस्पताल के डॉक्टरों ने 20 शहरों के बच्चों पर स्क्रीन से जुड़ी लत को लेकर स्टडी की तो पता चला कि 70 फीसदी बच्चे जिददी, मोटे और लापरवाह हो गए हैं। इतना ही नहीं उनके साथ मानसिक और शारीरिक समस्याएं भी आना शुरू हो गई हैं। 65 प्रतिशत बच्चे मानसिक समस्याओं के शिकार बन चुके हैं। इधर बडे भी स्क्रीन की लत के चलते अवसाद, असुरक्षा, नींद की कमी और थकान के साथ ही अन्य तमाम समस्याओं के शिकार हो रहे हैं।

स्क्रीन एडिक्शन को ऐसे पहचानें

1- बार-बार फोन चैक करते हैं, ऐसा भ्रम होता है कि फोन की घंटी बज रही है, जरूरी काम कर रह हों, तब भी ध्यान फोन पर रहता है, या बीच-बीच में चेक करते हैं।

2- चाहकर भी फोन से दूर नहीं रह पाते, यह जानते हुए कि किसी जरूरी काम के लिए या कहीं जाने के लिए देर हो रही है फिर भी स्क्रीन से नहीं हट पाते।

3- रात में नींद टूट जाती है गहरी नींद नहीं आती या बिस्तर से उठकर फोन को चैक करते हैं।

4-हर समय ऑनलाइन रहने की इच्छा बनी रहती है। चिचिडापन और बेचैनी बनी रहती है।

5- परिवार और मित्रों के संपर्क के लिए आप सोशल मीडिया पर पूरी तरह निर्भर हैं।

6- किसी भी सवाल का जबाब तलाशने के लिए आपका पहला विकल्प सोशल मीडिया या सर्च इंजन होता है।

7- जब स्क्रीन के सामने होते हैं, तब दुनिया की कोई खबर आपको नहीं होती ना ही किसी बात की चिंता होती है।

सेहत और जीवन-शैली को सीधा खतरा

अगर स्क्रीन के नुकसानों पर विस्तार से बात की जाए तो शायद पूरी किताब लिखी जा सकती है। लेकिन सार की बात यह है कि यह लत आपकी सेहत और जीवन-शैली के लिए सीधा खतरा बन चुकी है। तकनीक या सुविधा कभी बुरी नहीं होती लेकिन हमारी गलत आदतें उसे परेशानी बना देतीं हैं। कुछ ही सालों में सोशल मीडिया और स्क्रीन के बेजा इस्तेमाल ने इंसान के लिए नई परेशानी खडी कर दी है। क्योंकि यह तन और मन दोनों को एक साथ नुकसान पहुंचा रहा है। घंटो स्क्रीन से चिपके रहने के चलते जहां लोगों को आंखों से लेकर गर्दन, पीठ कमर आदि के जरिये शारीरिक नुकसान पहुंच रहे हैं। तो वहीं एंग्जायटी, अवसाद नींद की कमी साथ ही निराशा और असुरक्षा जैसे विचारों से मानसिक तल पर भी नुकसान पहुंच रहा है। इसलिये समय रहते इस लत से बाहर आने और इसे बीमारी बनने से रोकने की जरूरत है, अन्यथा हमारी पूरी एक पीढी स्क्रीन की लत और सोशल मीडिया के चक्कर में बर्बाद हो जाएगी।

ऐसे लौटें स्वस्थ्य जीवन-शैली की ओर

यह सच है कि जो भूल हो गई उसे पीछे जाकर सुधारा नहीं जा सकता, लेकिन अगर गलती का एहसास हो जाए तो आगे उसके सुधार की उम्मीद जरूर पैदा हो जाती है। हमने अपने बुजुर्गों से सुना है कि भूल का पता चल जाना उसकी सुधार की दिशा में पहला कदम है। आज बेंगलुरू समेत कुछ दूसरे बडे शहरों में नशा की लत को छुडवाने वाले सेंटर्स की तर्ज पर जिनमें नशा करने के आदि लोगों को रखा जाता है, अब स्क्रीन एडिक्शन के शिकार लोगों को रखने की भी व्यवस्था हो रही है, और ऐसा ही हाल रहा तो आगे चलकर ऐसे एडिक्शन छुडाने वाले सेंटर्स शायद के हर शहर की जरूरत बन जाएंगे। निश्चित ही ना तो आप और ना दूसरा कोई ऐसी जगह पर जाना चाहेगा। ऐसे में बेहतर यही होगा कि आज से ही सेहत और जीवन-शैली के इस दुश्मन को पहचानकर उससे बचने का उपाय शुरू कर दें।

1- सबसे पहले अपनी स्क्रीन संबंधी आदतों पर गौर करें, अगर ये असामान्य हैं, तो डरें या घबराएं नहीं बल्कि उनमें सुधार करने की योजना पर काम शुरू करें।

2- सुबह सोकर उठने के कम से कम 1 या 2 घंटे बाद ही अपने फोन को हाथ लगायें।

3- रात को सोने से 1 घंटे पहले फोन और हर तरह के स्क्रीन से दूरी बनायें। बिस्तर पर जाने से पहले फोन ऑफ करें या फिर सायलेंट। ताकि नींद डिस्टर्व नहीं हो।

4- परिवार के लिए समय तय करें, इस दौरान फोन को दूर रखें। मित्रों और रिश्तेदारों से मिलते वक्त भी फोन को बीच में लाने से बचें।

5- बेचैनी और तलब से बचने के लिए खुले में टहलने की आदत बनायें। इससे ऑक्सीजन पर्याप्त मिलेगी।वॉकिंग या जॉगिंग के दौरान फोन से दूरी बनायें।

6- आंखों की सुरक्षा के लिए पर्याप्त ब्रेक लें। हर ब्रेक में 20 फीट दूर की किसी वस्तु को 20 सेंकेड तक देखें, फिर 20 बार पलकों को झपकायें। 20 सेंकेड के लिए पलकों को बंद करें।

7- मोबाइल पर टाइम देखने या लिस्ट बनाने की जगह घडी और कागज पेन की आदत डालें। इसी तरह सामान्य हिसाब या किसी जानकारी के लिए फोन की जगह दूसरे साधनों का इस्तेमाल करें।

8- फोन, कंप्यूटर और लैपटॉप के ज्यादा इस्तेमाल से कान के अंदर मौजूद बेस्टिबुलर सिस्टम और दिमाग में मौजूद मैलेटोनिन को सबसे ज्यादा नुकसान पहुंचता है। ये दोनों सेहत के लिए बहुत जरूरी हैं। इसलिये हमेशा लंबे समय तक स्क्रीन पर बने रहने से बचें। मूवी या लंबे समय तक चलने वाले गेम्स देखना या खेलना सीमित या बंद करें।

9- वर्कफ्रॉम होम या ऑनलाइन क्लास में पढ रहे हैं, तो आंखों और शरीर को पर्याप्त आराम दें। इनके बाद फोन या स्क्रीन का उपयोग करने से बचें या कम उपयोग करें।

सोशल मीडिया या आधुनिक स्क्रीन तकनीकें बुरी नहीं हैं, बल्कि हमारी सुविधा के लिए हैं, लेकिन हमने इनके गलत उपयोग से इन्हें अपना दुश्मन बनाना शुरू कर दिया है। समय रहते अगर हम इन्हें सही उपयोग के दायरे में ले आयें तो ये बरदान हैं, बरना अभिशाप तो हमने बना ही लिया है।

जीवन-शैली मंत्र- आभासी दुनिया से बाहर निकलकर वास्तिविक दुनिया में जिएं। आपको जीवन के कई रंग दिखेंगे।

6

क्या टेंशन लाइलाज बीमारी है?

कहते हैं कि मरने से पहले फ्रायड ने कहा था कि इंसान कभी खुशहाल नहीं हो सकता। जब उससे पूछा गया कि जब इंसान खुश नहीं रह सकता तो फिर आप इलाज किस चीज करते हैं। तब उन्होंने कहा कि मैं सिर्फ इस बात की कोशिश करता हूं कि इंसान बस सामान्य रूप से दुखी बना रहे, असामन्य रूप से दुखी ना हो जाए, यानि पागल ना हो जाए। इससे ज्यादा कुछ नहीं बाकी इंसान खुशहाल तो कभी नहीं होगा। पश्चिम के ज्यादातर विचारकों का भी यही खयाल है, जो शायद आज के इंसान को देखते हुए बिलकुल सही भी जान पडता है। लेकिन इसके ठीक उलट यहां पूरब में हमारी संस्कृति ने कहा कि इंसान ना सिर्फ खुशहाल हो सकता है, बल्कि पूरी तरह शांत भी हो सकता है। इतना ही नहीं हमारे संतों और महामानवों ने तो आंनद की बात की है, जिसके सामने सुख या खुशी तो बहुत छोटी चीज है। लेकिन क्या आज हमारे देश और इसके समाज को देखकर यह बात सच मानी जा सकती है। क्योंकि अब हम तनाव या टेंशन को पार्ट ऑफ लाइफ या जिंदगी का दूसरा नाम मानने लगे हैं।

लाल बुझक्कड को मैंने जब देखा तनाव में ही देखा। हंसना तो बहुत दूर की बात है, जब मुस्कुराते भी हैं, तो पूरे अनुपात में कि कहीं ज्यादा ना हो जाए। पहले पढते थे, तो रैंक और मैरिट के लिए चिंता में, फिर पढ-लिख गए तो अच्छी नौकरी और पैकेज के लिए टेंशन में, फिर शादी के लिए, बच्चों के लिए फिर मकान के लिए और अब बच्चों के भविष्य के लिए टेंशन में साथ अब बुढापे का भी टेंशन। इसके साथ ही रोजमर्रा के छोटे-मोटे हजारों टेंशन तो हैं, ही। फिर आसपास देखता हूं तो दस

में से नौ लोगों की यही कहानी, सार यह कि हर आदमी मानता है, कि बिना टेंशन तरक्की कैसे होगी? जो जिंदगी का टेंशन नहीं लेता वो तो लापरवाह और बेवकूफ उसे जिंदगी की समझ ही कहां? पीछे ही रहेगा हमेशा, और हम और पीछे रह जाएं फिर दौड़ चाहे हमारी बर्बादी की तरफ ही क्यों ना ले जाती हो। आप कितने तनाव में जी रहे हैं, आपको खुद पता नहीं है। लेकिन जानना जरूरी है, कि तनाव स्वस्थ्य जीवन-शैली का सबसे बड़ा दुश्मन है। इस पर काबू पाना बहुत जरूरी है।

आप जानते हैं, कैसे होता है तनाव ?

आदमी जिस दिन होश संभालता है, यानि उसे जिंदगी की समझ आती है, उस दिन से लेकर जिंदगी की आखरी सांस तक उसके दिमाग में विचार चलते ही रहते हैं, हमारे दिमाग में हर दिन हजारों विचार चलते रहते हैं, 24 घंटे। लेकिन आपने कभी इन विचारों पर गौर किया या इन पर ध्यान दिया। मनसविद कहते हैं, कि कई बार तनाव इस तरह से होता है, कि आपको खुद भी पता नहीं चलता कि आप तनाव में हैं। आप हर पल कुछ न कुछ सोच रहे हैं, यानि हमेशा आपके मन में कुछ न कुछ चल रहा है। कभी दूसरों से तुलना, कभी आने वाले कल की चिंता, कभी आज की चिंता तो कभी बीते हुए कल को लेकर पछतावा या दुख। कभी पढाई, कभी परिवार, कभी रिश्ते, कभी दोस्ती कभी दुश्मनी। यानि एक पल को भी आप खाली नहीं हैं। मैं यह नहीं कहता कि आप अपनी जिंदगी या हालात के बारे में सोचें ही ना, लेकिन इस सोचने की सीमा क्या है क्या आपको पता है? जब आप किसी चीज या बात को सोचने बैठते हैं, तब आपको पता लगता है, कि कहां से आपकी सोच चिंता में बदल गई। या आपका विचार कब तनाव में बदल गया? खासतौर पर कोरोना महामारी के बाद तनाव का दायरा और बढ चुका है। अनिश्चितता के माहौल ने तनाव की खाई को और गहरा कर दिया है, अब लोग आने वाले कल को लेकर और ज्यादा चिंता और तनाव में आ गए हैं। हालांकि सकारात्मक पहलू यह भी है, कि इसी समय में हमारे देश के साथ ही दुनियाभर में लोगों ने तनाव को एक समस्या के तौर पर भी स्वीकार करना शुरू किया है, अब लोग अपने जीवन को तनाव मुक्त बनाने के तरीके सीख रहे हैं। वर्ना इससे पहले कम ही लोग इस तरफ ध्यान देते थे।

पहचानिये इस महासंकट को

बीसवीं और इक्कीसवीं सदी वेशक इंसान की उल्लेखनीय तरक्की के लिए पहचानी जा रहीं हैं, लेकिन इसके साथ ही इन सदियों को इतिहास एक और बात के लिए भी याद रखेगा। वह है, भौतिक तौर पर बहुत संवृद्व लेकिन मानसिक तौर पर सबसे कंगाल समाज के तौर पर। जिसके पास संपन्नता के ढेर तो हैं, लेकिन

अशांति और तनाव की गहरी खाई भी है। अगर तनाव से संबधित आंकड़ों की बात की जाए तो एक पूरी किताब भरी जा सकती है, इसलिये मैं उसके विस्तार में नहीं जाना चाहता लेकिन कुछ बुनियादी बातें बता देना जरूरी है, ताकि आप समझ सकें कि इस समय दुनिया और देश तनाव के मामले में संकट के किस मुहाने पर खड़े हैं, और आपको शायद इस महासंकट का आभास हो सके। आंकड़े बताते हैं कि इस समय पूरी दुनिया में 86 प्रतिशत तो वहीं हमारे देश में 89 प्रतिशत लोग तनाव के किसी ना किसी रूप में शिकार हैं। रिपोर्ट्स और रिसर्च कहतीं हैं, कि 84 प्रतिशत इंडियन जिनमें सबसे ज्यादा युवा हैं, काम के दबाव में हैं, जिससे उनकी सेहत बिगड रही है। डब्ल्यूएचओ के मुताबिक भारत में 5 करोड से ज्यादा लोग डिप्रेशन के शिकार हैं, जबकि 25 करोड ऐसे हैं, जिन्हें तत्काल मेडीकल हेल्प की जरूरत है। साइंस जनरल लेनसेट की 2016 में प्रकाशित रिपोर्ट के अनुसार आने वाले 10 सालों में दुनिया के कुल मानसिक समस्याओं के शिकार लोगों की एक तिहाई आबादी भारत में होगी, और हमारी हालत यह है कि तनाव से जूझते 10 में से 1 व्यक्ति को ही मेडीकल हेल्प मिल पाती है। कहने की जरूरत नहीं कि हम किस तरफ जा रहे हैं, आपको सिर्फ इतना तय करने की जरूरत है, कि क्या आप भी इस सूची में अपना नाम दर्ज कराना चाहते हैं या इससे बचना चाहते हैं।

यह भी जान लें-

अध्यन बताते हैं, कि हमारे देश में 80 फीसदी आईटी प्रोफेशनल्स तनाव की वजह से पीठ दर्द या बैक पेन के शिकार हैं, कॉल्स सेंटर के 55 प्रतिशत से ज्यादा कर्मचारी एंग्जाइटी के शिकार हैं। एक तिहाई प्रोफेशनल्स को नींद की समस्या है। हर 75 में से एक व्यक्ति को पैनिक डिसआर्डर का खतरा है। वहीं नौकरी और प्रमोशन के साथ टारगेट का तनाव लोगों में ब्रेन स्टोक के खतरे को 52 प्रतिशत तक बढा देता है।

हर वर्ग की समस्या

एक समय था, जब कि तनाव या चिंता बडी उम्र के लोगों तक सीमित थी, फिर हमने तरक्की की और इसे युवाओं और टीनएजर्स तक पहुंचा दिया। अब तो हाल यह है, कि स्कूलों में पढने वाले मासूम बच्चे जो तनाव शब्द का मतलब भी ठीक से नहीं समझते वे भी इससे जूझ रहे हैं। बढती महत्वकांक्षा, मूल्यविहीन आधुनिक जीवन-शैली , दूसरों की नकल की आदत और हर हाल में सबसे आगे निकल जाने की बीमार सोच ने भारतीय समाज को पागलखाने में तब्दील करने का रास्ता खोल दिया है। दो चार नंबर कम आने पर जिस देश में बच्चे आत्महत्या कर लें। क्या उस समाज को मानसिक तौर पर स्वस्थ्य समाज कहा जा सकता है। बुर्जुग, प्रौढ,

युवा, टीनएजर्स और बच्चे आज सबके सब गंभीर तनाव से जूझ रहे हैं।

इंसान का पैदा किया हुआ भस्मासुर

कोई भी बुराई या बुरी आदत तब ज्यादा खतरनाक हो जाती है, जब उसे संस्कृति या जिंदगी के हिस्से की तरह स्वीकार कर लिया जाता है, फिर उसका इलाज मुश्किल हो जाता है। क्योंकि जब हम मानें कि कहीं गलती हो रही है तो गलती सुधारी भी जा सकती है, लेकिन जब यह मान लिया जाए कि कोई गलती ही नहीं हो रही है, तो फिर उसको सुधारने का सवाल भी पैदा नहीं होता। आज बढता तनाव हर किसी की समस्या है, लेकिन कोई खुद को कमजोर दिखाना नहीं चाहता, हमें पता ही नहीं कि यह दीमक है, जो आपके जीवन को खोखला किये जा रहा है। आपकी सेहत को भी बर्बाद कर रहा है। कम उम्र में लोग डिप्रेशन, डायविटीज, बीपी, आंखों की कमजोरी, सफेद बाल, मोटापे और ना जाने कितनी बीमारियों के शिकार बन रहे हैं। लेकिन हमने कभी सोचा ही नहीं कि इस भस्मासुर को हमने ही पैदा किया। इंसान ने इतनी सारी अपेक्षाओं, अंहकार और महत्वकांक्षाओं से खुद को लाद लिया कि उनका बोझ उठाना खुद उसके लिए मुश्किल हो गया है।

तो आईये निपटें तनाव से-

मैं पहले ही कह चुका हूं कि स्वस्थ्य जीवन-शैली के लिए तनाव को दूर करना बहुत जरूरी है। इसका यह मतलब नहीं कि जीवन में तनाव होगा ही नहीं, आप बस उस पर काबू पाने की कला को अपने अंदर विकसित कर लें। जिससे कि वह आपको प्रभावित ना कर सके। ठीक वैसे ही जैस आसमान पर बादल तो आते रहते हैं, लेकिन आसमान फिर भी आसमान रहता है, बादल आते हैं, और चले जाते हैं। कुदरत ने तो आपको भरपूर जीवन जीने के लिए ही यहां भेजा था, लेकिन आप पता नहीं कहां की फिजूल बातों में उलझ गए। यहां देखें तनाव से निपटने के कुछ ऐसे ही आसान तरीके। दरअसल तनाव आपके मन और तन दोनों से जुडा हुआ है, यह दोनो पर असर करता है, इसलिये इसके जाल को तोडने के लिए हमें भी दोनों स्तरों पर काम करना होगा।

मन के लिए-

1- सबसे पहले कम सोचने और ज्यादा जीने की आदत डालें। अभी ज्यादातर लोग उलटा कर रहें हैं। यह मूलमंत्र समझिये कि जिंदगी में सोचते रहने वाले से उसे जीने वाला हमेशा ज्यादा खुशहाल रहता है।

2- जिंदगी दो हिस्सों में बंटी है। परिस्थितियां और घटनाएं ईश्वर के हाथ में हैं, और सुख व दुख की लगाम आपके हाथ में। इस सच को स्वीकर करें कि जीवन में सबकुछ आपके हिसाब से नहीं हो सकता। इससे तनाव कम होता है।

3- खुद में और दूसरों में खामियां देखने और तुलना करने की आदत आपको परेशान करेगी। इनकी जगह खूबियों को देखने की आदत डालिये। आपने हमेशा यह तो देखा की ईश्वर ने आपको क्या नहीं दिया, लेकिन क्या कभी ये भी देखा कि उसने आपको क्या-क्या दिया। जिसके लिए आपने कभी धन्यवाद भी नहीं दिया।

4- जीवन में तनाव कम करने का आसान तरीका है, कम बोलें ज्यादा सुनें। हम बोल-बोलकर और सोच-सोच कर अपने दिमाग में बहुत सा कचरा भर लेते हैं। जो बिना वजह तनाव का कारण है। क्या आपने कभी इस बात पर गौर किया कि आप कितनी बार वेवजह बोलकर अपने लिए परेशानी या मुसीबत मोल लेते हैं।

5- नियमित तौर पर मन को भी व्यायाम कराईये। जैसे अच्छी चीजे सीखना, किताबें पढना, पहेलियां बूझना, दिमागी खेल और संगीत। कभी-कभी एक दम मौन हो जाना अंदर और बाहर कुछ भी ना सोचना।

तन के लिए-

1-आपको शायद खयाल ही ना हो कि भागदौड के बीच हम ठीक से सांस भी नहीं लेते जानकार कहते हैं, कि इंसान इतनी जल्दबाजी में सांस लेता है, कि फेफडों में पर्याप्त मात्रा में ऑक्सीजन ही नहीं पहुंच पाती। लंग्स में कोई छह हजार से ज्यादा छिद्र हैं, ऑक्सीजन सोखने के लिए लेकिन इनमें से आधे में ही ऑक्सीजन पहुंच पाती है। जबकि गहरी सांस का आपकी सेहत के साथ ही तनाव कम करने से भी सीधा संबध है। इसलिये जब भी मौका मिले दिन में कई बार गहरी सांस लीजिये।

2-तनाव के चलते गुस्सा और चिढचिढापन आजकल ज्यादातर लोगों की समस्या है। जो तन और मन दोनों के लिए ही नुकसानदायक है। अगर तनाव से बचना है, तो गुस्से और बहस से बचना होगा। जब भी गुस्सा आए या चिढचिढापन लगे आंखों को बंद करके गहरी सांस लेना शुरू करें, या फिर अपनी उंगलियों से अपनी इयरलोव को दबाना शुरू करें। 1 मिनिट के अंदर मूड बदलेगा।

3- तनाव और थकान को दूर करने का एक सरल तरीका है,शव आसन। ऑफिस से लौटकर या घर का काम निपटाने के बाद बिस्तर पर कुछ मिनिट एकदम शांत लेट जाएं, आंखों को बंद करके। इस दौरान कुछ भी सोच विचार ना करें। बस लेटे रहे। शरीर बिलकुल आराम की स्थिति में हो, और कोई हरकत नहीं। रोज यह आसन करने से तनाव कम होगा।

4- ज्यादातर लोगों में बढते तनाव का सबसे बड़ा कारण लगातार काम करना है। इसलिये अपने काम के बीच में निश्चित समय के बाद ब्रेक लेने की आदत बनाईये। अपनी सुविधा के हिसाब से काम के दौरान ब्रेक लेते रहिये। उदाहरण के

तौर पर 50 मिनिट काम करने के बाद 10 मिनिट ब्रेक या फिर 25 मिनिट काम के बाद 5 मिनिट का ब्रेक। तनाव कम करने के लिए ब्रेक बहुत जरूरी है।

5- जब कभी तनाव आप पर हावी होने लगे तो बिना समय गंवाए खुद को तुरंत किसी रचनात्मक काम में व्यस्त करें। कुछ अच्छा पढकर या अच्छा संगीत सुनकर या यह भी उपलब्ध नहीं है, तो केवल खुली हवा में कुछ देर टहलकर भी तनाव को कम किया जा सकता है।

वैसे तनाव को कम करने के पूरी दुनिया में और भी हजार तरीके हैं, जिनसे टेंशन को कम किया जा सकता है, लेकिन मैंने यहां पर सिर्फ उन्हीं उपायों की बात की है, जिन्हें आप आसानी से अमल में ला सकते हैं। इनके अलावा भी आपकी कोई आदत जो आपको लगती हो कि आपका तनाव करती है, तो उसका उपयोग करें। लेकिन मूल बात यही है कि तनाव को जिंदगी पर हावी ना हो होने दें। मौजूदा समय में हमारी आदत तनाव के साथ जीने की हो गई है, लेकिन अपनी जीवन-शैली को बदलने के लिए तनाव लेने की इस आदत को भी बदलना होगा। इसलिये जितनी जल्दी इसे बदल सकें उतना अच्छा है, आपके लिए।

कभी हंस भी लिया करो-

हंसी या मुस्कुराहट कुदरत की तरफ से इंसान को मिला सबसे बेहतर बरदान तो है ही, या खुशहाल जिंदगी के लिए दवा से कम भी नहीं है, लेकिन इंसान आज के समय में खुलकर हंसना ही भूल गया है। लोग अब हंसते भी हैं, तो सिर्फ औपचारिकता के लिए। हमेशा कहा जाता है, हंसी सबसे अच्छी दवा है। मजे की बात है, कि तनाव में रहने के लिए आपको 45 मांसपेशियों से काम लेना पडता है और हंसने के लिए सिर्फ 17 मांसपेशियों से लेकिन फिर भी ज्यादातर लोग हसंने में कंजूसी बरतते हैं। लेकिन हंसना और हंसाना कितना फायदेमंद है, इसे जान लीजिये। पूरी दुनिया में लोगों को हंसने के लिए प्रेरित करने के लिए 10 जनवरी को हर साल लॉफटर डे मानाया जाता है।

1- अमेरिका के वेंडरबिल्ट मेडीकल सेंटर के मुताबिक अगर आप रोज 15 मिनिट खुलकर हंस लेते हैं, तो आपकी 40 कैलारो बर्न हो जाएगी।

2- 40 मिनिट की हंसी से आपके तनाव में रिकार्ड गिरावट दर्ज होती है, और नींद के ढंग में भी सुधार होता है।

3- 2009 में प्रकाशित एक रिसर्च के मुताबिक खुलकर हंसने से रक्त प्रवाह बेहतर होता है रक्त वाहिकाओं की सक्रियता 22 फीसदी बढ जाती है। यानि हंसना दिल के लिए फायदेमंद है।

4- आपको जानकर हैरानी होगी कि 30 मिनिट खुलकर हंसने से जिम में कसरत करने के बराबर का फायदा बॉडी को मिलता है।

5- नेशनल लायब्रेरी ऑफ मेडीसन के शोध के अनुसार खुलकर हंसने से नाइट्रिक एसिड बनता है। जिससे आपका ब्लड प्रेशर कम होता है और क्लॉटिंग का खतरा भी घटता है।

यानि खुलकर हंसने के फायदे ही फायदे हैं। इसलिये दुनिया की परवाह छोडिये और खुलकर हंसने को अपनी आदत में शामिल कीजिये।

लगाईये छोटा सा हिसाब-

आप जिंदगी की रेस में आगे निकलने के लिए 15 दिन में होने वाले काम को दो-तीन दिन में दिन रात-जागकर भूखे-प्यासे रहकर निपटा देते हैं, आपको तारीफ भी मिलती है, खुद पर गर्व भी होता है, लेकिन इसकी वजह से आप अगले दिन बीमार पड जाते हैं, और अगले एक सप्ताह आपका काम प्रभावित हो जाता है। सेहत का नुकसान अलग से होता है। तो आप ही हिसाब लगाईये कि आप फायदे में रहे या नुकसान में। अगर कोई भी काम जिसको करने के लिए आपके पास पर्याप्त समय है, तो उसे सेहत का ध्यान रखते हुए ही तय समय में करना चाहिये। अकसर हम समय बचाने के चक्कर में जल्दी और ज्यादा काम निपटाने की कोशिश करते हैं, ऐसा जिदंगी में कई बार होता है। नतीजा हम आगे निकलने की रेस में कई बार और पिछड जाते हैं। सीधा नियम है, जिस काम में जितना समय लगता है, उसे उतने ही समय में किया जाना चाहिये। समय के साथ चलिये, उससे आगे भागने की कोशिश करेंगे तो तनाव मुसीबत पैदा करेगा।

जीवन-शैली मंत्र- तनाव दीमक की तरह है, आपको अंदर से खोखला कर देता है, जिस तरह घर में दीमक नहीं लगने देते हैं, वैसे ही मन में तनाव को ना रहने दें।

7

पशु-पक्षियों को बनाईये गुरू

लाल बुझक्कड़ को इस धरती पर आये सालों बीत गए, पर उन्हें कभी इतनी फुरसत नहीं मिली की अपने आसपास की दुनिया को गौर से देख पाते। घर-दफ्तर और सीमित दायरे की जिंदगी बिताते हुए समय निकाल दिया। क्योंकि उन्होंने सुन रखा था कि इंसान ईश्वर की सर्वश्रेष्ठ रचना है प्रकृति के पिरामिड में वह सबसे ऊपर है बाकी सब उससे नीचे। इसलिये कभी ना तो इससे ज्यादा उन्होंने जानने की कोशिश की और ना ही समझने की। अब उन्हें एक और सच्चाई का पता चला कि धरती पर इंसान ही अकेला है जो कि रेस के घोड़े या कोल्हू के बैल की तरह की जिंदगी जीता है, और धरती पर मौजूद प्राणियों में इंसान ही अकेला है जो पूरे जीवन दुखी और बीमार और परेशान है। अब क्या करें। अब वे सोचते हैं कि कोई भी पशु-पक्षी इतना हैरान परेशान नहीं दिखता जितना की इंसान। तो क्या इनसे भी कुछ सीखा जा सकता है। वेशक हकीकत यह है कि इनसे बहुत कुछ सीखा जा सकता है।

मेरे पिता कई बार बातचीत और मजाक के दौरान कहा करते थे कि कभी तुमने किसी गधे को चश्मा लगाये देखा है, किसी घोड़े को बीपी का मरीज या किसी हाथी को डायविटीज होते देखी है। बात मजाक में होती थी, पर मायने बहुत गहरे थे, क्योंकि जब इस मामले में पढा और खोजा तो जाना कि बात सोलह आने सच है विज्ञान ने भी माना कि केवल वही जानवर और पक्षी पागलपन या बीमारियों के ज्यादा शिकार होते हैं, जो इंसानों के संपर्क में आते हैं या पालतू बनाये जाते हैं। बाकी नहीं। फिर सवाल उठा ऐसा क्यों? तो जबाव मिला, क्योंकि इस दुनिया के

सारे पशु-पक्षी कुदरत के बनाये हुए जीवन-शैली संबधी नियमों का हमेशा पालन करते हैं, और इंसान हमेशा इसके उल्टा ही चलता है। खैर लाल बुझक्कड ने जो गलती की हम उसे दोहराने से रोक सकते हैं। आईये जानते हैं कि पशु-पक्षियों से भी बेहतर और अच्छी जीवन-शैली के कौन से टिप्स या गुरू सीखे जा सकते हैं। क्योंकि अच्छी बात जहां से भी सीखने को मिले तुरंत सीख लेनी चाहिये।

क्या प्रकृति एक खुशहाल जीवन जीने के लिए हमारा मार्गदर्शन करती है। पश्चिम के मशहूर लेखक सैम हार्ट की किताब नेचर गाइड टू हैप्पी लाइफ हम इंसानों को यही सीख देती है कि अगर हम इंसान होने का घमंड छोड दें तो प्रकृति और पशु-पक्षी हमें बहुत कुछ सिखा सकते हैं। यहां जानिये कैसे, हम किससे क्या सीखें।

1- चिडिया की दिनचर्या

सारे पक्षी और चिडियां हमेशा सूर्योदय के पहले जागतीं हैं। गौर से देखें तो इनकी दिनचर्या आपको पूरी तरह से व्यवस्थित नजर आयेगी। ये कभी एक साथ बहुत सारा नहीं खाते दिनभर थोड-थोडा करके खातीं हैं। पूरे दिन एक्टिव और रात को जल्दी सोना इनका विशिष्ट गुण है।

2-घडियाल बताये धूप है जरूरी

आपने कई बार नदियों और बडे डेमों के किनारे घडियालों को धूप सेकते देखा होगा। अपने शरीर को गर्म रखने के लिए घंटो धूप सेकते हैं। विज्ञान मानता है कि इंसान के शरीरी को हर दिन करीब 20 मिनिट की धूप की जरूरत होती है, सर्दियों में और भी ज्यादा। क्योंकि सूरज की धूप वॉडी में विटामिन डी की मात्रा बढाकर आपको सेहतमंद तो बनाती ही है मूड को बेहतर भी करती है। सुबह के समय ली गई धूप आपको दिनभर उत्साह और एनर्जी से भरपूर रखती है।

3- कछुए की धीमी चाल

कछुआ अपनी धीमी चाल के लिए पूरी दुनिया में प्रसिद्व है। लेकिन गौर से देखिये इस धीमी चाल में बहुत गहरा संदेश है। माना आप दुनिया के सबसे व्यस्त इंसान हैं और आपके पास सांस लेने की फुर्सत नहीं है। लेकिन आप यह भी जान लें कि यह आपकी तेज गति आपको आगे बडी मुसीबत में ले जाएगी। फिर धीमे होने का मतलब सुस्त या आलसी होना नहीं है। बल्कि शांति के साथ काम करने का ढंग है। ना कि हडबडी में। जहां तेजी जरूरी है वहां फुर्ती जरूर दिखाईये लेकिन जहां इसकी जरूरत नहीं है वहां कछुए की तरह जिंदगी में धीमे हो जाईये कुछ पल तसल्ली और सुकून के साथ बिताईये।

4- कुत्ते और बिल्ली की तरह अंगडाई

आपने अकसर कुत्तों को लंबे आराम के बाद भरपूर अंगड़ाई लेते देखा होगा। ठीक ऐसा ही बिल्लीयां भी करतीं हैं। दरअसल काफी देर आराम लेने के बाद या निष्क्रिय रहने के बाद इस तरह अंगड़ाई लेना या शरीर की स्ट्रेचिंग करना सेहत के लिए बहुत लाभकारी होता है। इससे बॉडी में खून का संचार तो ठीक होता ही है साथ ही मांसपेशियों में खींचवा या मोच और दर्द जैसी आम समस्या खुद ही ठीक हो जातीं हैं। सुबह सोकर उठते वक्त, ज्यादा देर तक सोफे या कुर्सी पर बैठे रहने के बाद और धूप सेंकने के बाद जितनी हो सके भरपूर अंगड़ाई लें। इससे शरीर की स्फूर्ति भी बढती है। यह सरल लेकिन असरदार व्यायाम है।

5- खरगोश और गिलहरी खाएं कच्ची चीजें

क्या आपको कच्चे अनाज बीज या फिर फल खाना पंसद है? अगर नही तो जरा खरगोश और गिलहरी की तरफ देखिये प्राणियों में इनकी गिनती चुस्ती और फुर्ती के लिए होती है। ये अपने अहार में प्राकृतिक तौर कच्चे खाय जा सकने वाले खाद्य पदार्थों का बडी मात्रा में सेवन करते हैं। आप भी अपनी डाइट में अंकुरित अनाज, अलसी, तरबूज के बीज, सलाद, फल और इसी तरह की चीजें शामिल करें। इनके अंदर सेहत का असली राज छिपा हुआ है।

6- खेलना और उछलकूद सिखाएं बंदर

आपने बंदरों को उछलकूद करते और पिल्लों को खेलते-कूदते देखा होगा। जानवरों की तरह ही इंसानी शरीरी भी इस तरह डिजायन है कि उसे जितना एक्टिव रखा जाए वह उतना ही स्वस्थय और फिट रहता है। यह जान लें कि खेलना और उछलकूद कभी भी समय की बर्बादी नहीं होता। इन गतिविधयों से आपका दिमाग दुनियादारी और जिदंगी की दूसरी समस्याओं से हटता है और सेहत के साथ रचनात्मकता भी बढती है। इसलिये गंभीरता का लबादा उतारिये और उछलकूद और खेलों को अपनी जिंदगी में शामिल करें।

7- हर परिस्थिति में ढल जाता है गिरगिट

गिरगिट के रंग बदलने की कला को हम सभी जानते हैं, लेकिन अफसोस हमने उसकी इस बात को इंसानों के साथ चतुराई और बदमाशी से जोडा यानि अच्छी चीज को भी इंसान ने गलत ढंग से लिया। हम गलत लोगों के लिए गिरगिट का उदाहरण देने लगे। जबकि यह बात कम ही लोग जानते हैं, कि गिरगिट की चमडी का रंग बदलने की खूबी उसकी सबसे बडी ताकत है। इसका मतलब अवसरवादीता नहीं बल्कि हर परिस्थिति में ढल जाना है। गिरगिट अपना रंग बदलकर कैसी भी स्थिति में खुद को ढाल लेता है। सीख यह है कि जीवन में खुश और सेहतमंद बने रहना चाहते हैं, तो लकीर के फकीर ना बने रहें। बदलाबों में खुद को ढालें। यानि

लचीले बने रहें। किसी आदत को सिर्फ इस आधार पर ना चलते रहनें दें कि वह आप सालों से करते आ रहे हैं। जबकि आपको पता है कि वह गलत है।

8- मधुमक्खी सिखाए सक्रियता

मधुमक्खी जिस तरह से उड़ते हुए नाचती है उसे वैगल डांस कहते हैं, उसकी एक खासियत यह भी है कि वह एक जगह ज्यादा देर नहीं बैठती या टिकती। यानि लगातार सक्रिय रहना उसकी खूबी है। हममें से कई लोग घंटों एक ही जगह पर जमे रहते हैं। लंबी बैठक आलसी बनाती है और सेहत को भी नुकसान पहुंचाती है। मधुमक्खी से एक्टिव रहने का गुण सीखा जा सकता है। यानि एक जगह पर बहुत देर तक ना बैठे रहें बल्कि सक्रिय बने रहें और अपनी जगह बदलते रहें।

इसके साथ ही भरपूर नींद, जरूरत के मुताबिक खाना, टीम वर्क और इसी तरह की कई दूसरी बातें या आदतें हैं जो हम इंसान पशु-पक्षियों से सीख सकते हैं। अगर हम इनकी एक-एक आदत को भी अपने जीवन में अपना लें तो एक बेहतर जीवन-शैली खुद के लिए बना सकते हैं। पशु-पक्षियों की आदतों और उनकी दिनचर्या को अपनायें और अपने बच्चों को भी इनसे सीखने के लिए प्रेरित करें। पूरी प्रकृति में कोई भी ऐसा जीव-जंतु नहीं है, जिसके अंदर कोई ना कोई खूबी या गुण मौजूद नहीं हो।

जीवन-शैली मंत्र- अच्छी आदतें और मौज के साथ रहने का गुण सीखने जैसा है।

8

एक्सरसाइज करेगी मदद

स्वस्थ्य जीवन-शैली का जरूरी हिस्सा है, शरीर को सक्रिय रखना। लेकिन हममें से ज्यादातर लोग इस मामले में आलसी हैं, लाल बुझक्कड़ भी उनमें से एक हैं वे सोचते हैं, बहुत लेकिन करते कुछ नहीं। आज लोग जीवन-शैली से संबंधित जितनी परेशानीयों या बीमारियों से जूझ रहे हैं, उनमें से ज्यादातर का कारण शारीरिक तौर पर सुस्त बना रहना है। इंसानी शरीर जिस तरह से डिजायन किया गया है। उसके लिए नियमित श्रम जरूरी है लेकिन हमने आलस के चक्कर में खुद के साथ ही शरीर को भी निकम्मा बना लिया है। क्या आपको पता है कि पिछले 170 सालों में इंसान के शरीर का औसत तापमान 1.1 फैरनहाइट कम हो चुका है। न्यूयार्क टाइम्स की रिपोर्ट के मुताबिक पहले इंसान के शरीर का स्टैंडर्ड तापमान 98.6 माना जाता था, लेकिन पिछले सालों में लोगों के डेटाबेस अध्यन करने से वैज्ञानिकों को पता चला है, कि अब यह घटकर 97. 5 फैरनहाइट हो चुका है। हालांकि अभी तक वैज्ञानिकों को इसका ठीक-ठीक कारण पता नहीं चल सका है, लेकिन कुछ वैज्ञानिकों का अनुमान है, कि पिछले दशकों में एयर कंडीशन के उपयोग की वजह से भी ऐसा हो सकता है।

लीजिये फिटनेस का संकल्प-

यहां फिटनेस के संकल्प से मेरा मतलब यह नहीं कि आप घंटों जिम में बिताने पहुंच जाएं, या 10-20 किमी की दौड लगाएं। स्वस्थ्य जीवन-शैली के यह कतई जरूरी नहीं है, लेकिन खुद को स्वस्थ्य रखने के लिए और तन व मन से सेहतमंद बने रहने के लिए बहुत जरूरी है कि आप कुछ ना कुछ करें जो आपको सक्रिय रखे। यहां मैं कुछ ऐसे ही रास्ते सुझा रहा हूं जिन्हें अपनाकर आप फिट और हिट बने रह सकते हैं। निश्चित ही अच्छी जीवन-शैली के लिए किसी ना किसी सेहत संबधी

आदत को अपनाना बहुत जरूरी है। तो जो भी पंसद हो उसे अपना लीजिये। इन्हें अपनी दिनचर्या के साथ आसानी से अपनाया जा सकता है।

सुबह की एक्सरसाइज सबसे अच्छी-

हमारी संस्कृति में सूरज उगने से पहले उठने का हमेशा महत्व रहा है, विज्ञान भी इस बात से सहमत है, कि सूर्योदय के समय किया गया व्यायाम सेहत के लिए दिन में अन्य किसी भी समय किए गए व्यायाम से ज्यादा फायदेमंद होता है। अगर आप सुबह एक्सरसाइज का नियम बनाते हैं, तो आपकी कैलोरी ज्यादा बर्न होती है। इस समय पसीना बहाने से 20 प्रतिशत ज्यादा फैट लॉस होता है। साथ ही फेफडों को शुद्ध प्राणवायु मिलती है।

1- 35 मिनिट वॉक या 5 मिनिट रनिंग

जिन लोगों के पास हमेशा समय की कमी रहती है, उनके लिए यह सबसे अच्छा विकल्प है। प्रतिदिन कम से कम 35 मिनिट वॉकिंग की आदत डालें। या 5 मिनिट रोज दौडने का नियम बनायें। अगर सायकिल चला सकते हैं, तो हर रोज 15 मिनिट सायकिलिंग। यह आदतें आपको सेहतमंत बनाने के साथ ही आपकी उम्र भी बढाएगी।

2- 90 सेंकेड की एक्सरसाइज कम करे बीपी-डिप्रेशन

सबसे पहले पालथी मारकर आरामदायक स्थिति में बैठ जांए। गहरी सांस लेकर छोडें फेफडो को पूरा खाली कर दें। अब 5 तक गिनती गिनते हुए गहरी सांस अंदर खींचें। अब 7 तक मन में गिनती गिनते हुए सांस बाहर छोडें फिर 5 तक निगते हुए सांस को रोकें। 15 सेंकेड के इन 3 स्टेप्स को 6 बार करें। इस तरह कुल 90 सेंकेड का समय लगेगा। यह व्यायाम ब्लड प्रेशर कम करने के साथ ही तनाव को भी रोकने में सक्षम है।

3- रोज 30 मिनिट एक्सरसाइज

हर सप्ताह अगर आप 150 मिनिट की एक्सरसाइज भी करते हैं, तो आपका डिप्रेशन दूर हो जाएगा। 30 मिनिट के व्यायाम से बीपी 5 से 8 प्वांइट कम हो जाता है। अगर आप 1 किलो वजन कम करते हैं, तो आपका बीपी भी 1 प्वांइट कम हो जाएगा। फिलहाल पूरी दुनिया में 1 अरब 13 करोड लोग हाइपरटेंशन की समस्या से पीडित हैं। इससे लोगों को जागरूक करने के लिए हर साल 17 मई को वर्ल्ड हाइपरटेंशन डे भी मनाया जाता है। इसलिये रोज 30 मिनिट एक्सरसाइज का नियम बनायें। कोई भी फिजीकल एक्टिविटी इस दौरान करें।

4- गर्दन और पीठ दर्द के लिए

ऑनलाइन क्लासेस और वर्क फ्रॉम होम के चलते लंबी सिटिंग की वजह से लोगों में गर्दन और पीठ में दर्द की शिकायत तेजी से बढ रही है। मायो क्लीनिक की रिसर्च के मुताबिक अगर आपका सिर आगे की तरफ 60 डिग्री तक झुका हो तो आपकी रीढ की हड्डी पर 27 किलो के करीब वजन पडता है। इसी तरह से जब आपका सिर सीधा होता है, आप सीधे खडे होते हैं, तो रीढ की हड्डी पर साढे चार से 5 किलो वजन पडता है। यही एंगल अगर 15 डिग्री हो जो वजन की मात्रा साढे 12 किलो हो जाती है। यानि गर्दन को सीधा रखना जरूरी है। क्योंकि गलत पॉश्चर होने से सिर, जबडे, कंधों, घुटनों, कूल्हों और पंजों में भी दर्द की शिकायत हो सकती है, सबसे ज्यादा असर गर्दन और पीठ पर पडेगा।

क्या होता है सही पॉश्चर -

दर्द और परेशानी से बचने के लिए सही वॉडी पॉश्चर का होना जरूरी है। यानि सिर हमेशा सीधा रखें। मोबाइल या स्क्रीन का इस्तेमाल करते समय उसका आई लेवल पर होना जरूरी है। पैर सीधे और घुटने सामान्य अवस्था में रखें। शरीर का पूरा वजन पैरों पर होना चाहिये और पैर हमेशा कंधों की चौडाई के बराबर ही फैलाएं । इसी तरह जब कुर्सी पर बैठें तब रीढ को सीधा करके बैठें। जरूरत के मुताबिक कमर के पास तकिया या टावल का इस्तेमाल करें। जब खडें हों तक दोनों पैरों पर शरीर का वजन बराबर होना चाहिये ना कि किसी एक पैर पर।

केवल गहरी सांस लेने से -

एक्सरसाइज तो दूर की बात है, सिर्फ गहरी सांस लेने से भी व्यक्ति अपनेआप को दूसरों के मुकाबले ज्यादा स्वस्थय रख सकता है। जानकार मानते हैं, कि सिर्फ दिन में कुछ देर गहरी सांस लेने से भी शरीर को 5 तरह के फायदे होते हैं। गहरी सांस लेने वाले की रोग प्रतिरोधक क्षमता बढती है, शरीर को नुकसान पहुंचाने वाले जहरीले तत्व कम होते हैं, खून का प्रवाह पूरे शरीर में ठीक होता है।, तनाव कम करने में मदद मिलती है और दर्द के एहसास में कमी आती है। इसलिये रोज कुछ देर गहरी सांस लेने की आदत जरूर बनानी चाहिये।

ये आसन भी हैं, बहुत काम के

योग और प्राणायम हमेशा से ही स्वस्थय तन और मन की कुंजी रहे हैं। अगर आपके पास समय की कमी रहती है, कुछ आपके लिए मददगार साबित हो सकते हैं। ये आसन मन को शांत करने से लेकर पीठ और कंधों की मजबूती व डाइविटीज और बीपी को नियंत्रित करने में प्रभावी हैं।

1- यष्टिकासन - पीठ के बल लेटकर दोनों हाथों को सिर की ओर सीधा करके जमीन से लगाएं और शरीर को उपर की तरफ खींचें। इसी तरह पैर के पंजों से शरीर

को नीचे की तरफ खींचे। गहरी सांस लेते और छोड़ते हुए पहले की स्थिति में आएं। सांस के तीन प्रकार हैं। पूरक में 3 सेकेंड सांस खींचें। कुम्भक में 6 सेकेंड सांस अदंर रखें और रेचक में 3 सेकेंड सांस छोड़ें। लाभ- इससे मन शांत होता है।

2-वीरासन- पैरों की उंगलियों पर बैठ जाएं। धीमी सांस लेते हुए दोनों हाथों को सीने के सामने लाकर जोड़ें, आंखों को बंद करें। फिर हाथों को जुड़ा हुआ की सिर के उपर उठाएं। जितनी देर रूक सकें खुद को इसी स्थिति में रोकें। फिर सामान्य स्थिति में आएं। लाभ- इससे कंधे और पीठ मजबूत होती है।

3-कुंभकासन- पहले पेट के बल लेट जाएं। फिर धीरे-धीरे अपने शरीर के वजन को अपने हाथों और पैरों के पंजों पर लेकर आएं। जैसा पुशअप के समय करते हैं। रीढ की हडडी को सीधा रखें, और इसी स्थिति में रहें। शुरुआत में इस आसन को सिर्फ 1 मिनिट ही करें। फिर पहले की स्थिति में आ जाएं। लाभ- हाथों की मजबूती और पेट संबधी समस्याओं के लिए। पेट कम करता है।

4-सेतु आसन- सीधे लेटकर टांगों को घुटनों से मोड़ें। अब अपने हाथों से पैरों के पंजों के उपरी हिस्से को मजबूती से पकड़ें और सिर को आराम की स्थिति में रखते हुए अपने शरीर को उपर की तरफ उठाएं। जितनी देर इस स्थिति में रह सकते हैं, फिर धीरे-धीरे ही नीचे आएं। सांस को सामान्य रखें। लाभ- हाई व्लडप्रेशर को नियंत्रित करने में यह आसन मददगार होता है।

स्वस्थ्य फेफड़ों के लिए ये आसन

कोरोनाकाल में कई लोगों को फेफड़ों के स्वास्थ्य की चिंता सता रहा है, यह तीन आसन आपके लंग्स को मजबूत बनाने का काम करते हैं, ये करने में भी सरल हैं, सभी को ये आसन करने चाहिये।

वृक्षासन- एक पैर पर खड़े होकर दोनों हाथों को जोड़ते हुए उपर की तरफ ले जाना है। दूसरा पैर पंजे के सहारे पहले पैर की जांघ से सटाकर रखना है, ताकि बॉडी का वेलेंस बना रहे। इस स्थिति में जाने से पहले गहरी सांस लें। जितनी देर रह सकते हैं, इस स्थिति में रहें। कोशिश करें कम से कम 20 से 30 सेकेंड फिर सांस छोड़ते हुए पूर्व स्थिति में आ जाएं। शुरुआत 1 मिनिट के अभ्यास से करें।

ताडासन- दोनों पैरों के पंजों पर शरीर का वजन ले जाना है। दोनों हाथ जोड़कर सिर के उपर तनी हुई स्थिति में। ऐसा करने से आपके रेस्पिरेटरी सिस्टम में ऑक्सीजन के लिए ज्यादा जगह बनती है।

बलासन- इसमें घुटनों के बल बैठकर दोनों हाथों को सिर के साथ जमीन से लगाने की कोशिश करनी है। शरीर को हाथों के सहारे आगे की तरफ खींचना है। सांसों को सामान्य रखना है। इससे बॉडी में ज्यादा मात्रा में ऑक्सीजन पहुंचती है,

लंग्स मजबूत बनते हैं।

नोट- इन आसनों का प्रयोग अपनी शारीरिक क्षमता और उम्र के हिसाब से करें। अगर पहले से कोई गंभीर बीमारी है, तो फिर डॉक्टर या योग प्रशिक्षक की सलाह के बाद ही इनका प्रयोग करें।

जीवन-शैली मंत्र- अगर आप शरीर को थोडा कष्ट देते रहेंगे, तो शरीर आपको कभी भी कष्ट नहीं देगा।

९

जी भरकर जियें

लाल बुझक्कड से एक दिन मैंने सवाल पूछा तो वे पहले तो सोच में पड़ गए फिर थोडा दार्शनिक अंदाज में बोले कि जरा जिंदगी की जिम्मेदारियों से फ्री हो जाऊं फिर जरूर जिऊंगा। आपको सुनकर यकीन ना हो लेकिन लाल बुझक्कड की तरह दुनिया के ज्यादातर लोगों का खयाल है कि एक समय आयेगा जब वे अपने मन मुताबिक जिंदगी जी पाएंगे बिलकुल खुशहाल। लेकिन समस्या यह है कि वह समय कभी आता नहीं। दरअसल जिंदगी कभी भी आगे या पीछे नहीं हैं, बल्कि जो है अभी और यहीं है। हमने और हमारी तरह दुनिया के ज्यादातर समाजों ने पढाई लिखाई, नौकरी-काम धंधा और पैसे कमाने को ही जिंदगी समझ लिया। इसी दायरे में सब जी रहे हैं, इसलिये जिंदगी भी ठीक वैसी है, जैसी कि होनी चाहिये थी। इसमें कोई स्वस्थ्य जीवन-शैली नहीं है, इसलिये यह खुशहाल और स्वस्थ्य भी नहीं है। लेकिन क्या इसे बदला जा सकता है। मशहूर लेखक और डॉक्टर जो डिस्पेंजा कहते हैं कि अभ्यास से आप अपने मन और शरीर के ऑपरेटिंग सिस्टम को बदल सकते हैं। दरअसल जिन विचारों, व्यवहार और इमोशन को हम बार-बार दोहराते हैं, वही आगे चलकर आदत बन जाती है। जिंदगी की गुणवत्ता को सुधारने के लिए कुछ नई चीजों या बातों को अपनाना जरूरी है, इन्हें आदत बनाना जरूरी है। जी भरकर जीने की इस कला को अपनी जिंदगी में शामिल करके आप एक बेहतर जीवन-शैली की तरफ जा सकते हैं। बात कोई बडी नहीं है, बल्कि छोटे-छोटे काम हैं, जो अच्छी जिंदगी के मंत्र बन सकते हैं। आजमाकर देखिये।

1- लिखये अपनी गलतियां

आपने कभी सोचा है, कि आप एक ही गलती कितनी बार करते हैं, फिर खुद पर नाराज होते हैं। आसान तरीका है, अपनी गलतियों की एक लिस्ट बना डालिये।

लेकिन ध्यान रहे इसमें छोटी भूलों को शामिल नहीं करना है। उन बड़ी गलतियों को टारगेट करना है, जो आप पर सीधा असर डालती हैं। उन पर ध्यान दें और सुधारें। गलतियां कम होना शुरू हो जाएंगीं।

2- डाइट में लाईये नयापन

ज्यादातर लोग एक ही तरह के खाने के आदि होते हैं, वैसे आजकल के जंक और फास्ट फूड के दौर में हेल्दी खाना किसी चुनौती से कम नहीं, लेकिन स्वाद के साथ ही सेहत को भी चुनते रहें। मतलब अपनी डाइट में कुछ नई चीजें शामिल करें जो विटामिन, मिनरल्स और प्रोटीन से भरपूर हों। घर की रसोई में ऐसी कई चीजें मौजूद हैं।

3- खुशी देने वालों की लिस्ट बनायें

खुशी को एक आदत में बदलने का आसान तरीका यह है कि उन लोगों की लिस्ट बनायें जिनसे मिलकर आपको खुशी महसूस होती है, या उत्साह मिलता है। ऐसे लोगों के लिए अपनी व्यवस्तता के बीच समय निकालते रहें, क्योंकि ये आपको एनर्जी देने के साथ ही जीवन का उदेश्य भी देते हैं। ये दोस्त, रिश्तेदार या पडोसी कोई भी हो सकते हैं। इनकी संगत में बने रहें। ऐसे कामों की सूची भी बना सकते हैं, जिनको करके आपको खुशी मिलती है।

4- लिखिये भविष्य की उपलब्धियां

अपने भविष्य के बारे में तो सब सोचते हैं, लेकिन शोध कहते हैं, कि जो लोग अपने खूबसूरत भविष्य की जितनी ज्यादा बार कल्पना करते हैं उनकी कल्पना के साकार होने की उतनी संभावना बढ जाती है, और हां भविष्य की कल्पना करते हुए कभी भी बडे सपने देखने से मत घबराईये। तो आप भी लिखिये कि भविष्य में आपके पास क्या उपलब्धियां होंगीं।

5- रोज सीखें एक नया शब्द

शोध कहते हैं कि रोज किसी भी एक नये शब्द को सीखने उसका असर दिमाग पर पडता है, वह शब्द दिमाग में हमेशा के लिए सेव हो जाता है, वैसे नई भाषा सीखने से तो दिमाग की क्षमता बढती ही है, लेकिन हर रोज कोई एक नया शब्द भी सीखा जाए तो वह भी आपके लिए बहुत फायदेमंद है। उसका अर्थ जानें और प्रयोग भी करने की कोशिश करें।

6- लंच से पहले 3 जरूरी काम

लोग सुबह से शाम तक व्यवस्तता में भागते रहते हैं। कारण अनुशासन की कमी। दरअसल आपके अनुशासन का सीधा संबध खुशी से है। इसलिये अपने काम और जिंदगी का तालमेल बेहतर बनायें। आदत डालें कि अपने दिन के कोई

3 जरूरी काम दोपहर तक यानि लंच के पहले निपटा दें। यह आपको खुशी और संतोष दोनों देगा।

7-दोस्तों से पूछिये अपनी कमियां

दुनिया में कोई परफेक्ट नहीं है, और दोस्त से अच्छा आईना आपको कोई और नहीं दिखा सकता। जानकार कहते हैं, कि अपने करीबी दोस्तों से मिली राय या सलाह को ज्यादातर लोग गंभीरता से लेते हैं। इसलिये खुद में सुधार के लिए समय-समय पर दोस्तों से अपनी कमियों के बारे में राय लेते रहें। अगर सामने पूछने में संकोच महसूस होता हो, तो फोन या फिर मैसेज के जरिये भी अपनी कमियां पूछी जा सकती हैं।

8- सोशल मीडिया के बिना बिताएं समय

रिसर्च कहती हैं कि सोशल मीडिया और स्क्रीन पर समय बिताना टाइम की बर्बादी तो है ही इससे मनोविकारों के बढने का खतरा भी है। हमारे लिए सोशल मीडिया को डिटॉक्स करना सबसे बडी चुनौती है। बेहतर होगा कि सप्ताह में कम से कम 1 दिन यानि 24 घंटे के लिए सोशल मीडिया से दूरी बनायें और यह समय फोन के बिना गुजारें।

9- बुजुर्गों से करें बात

सिंगल परिवारों ने इंसान के संबधों और जिंदगी के दायरों को सीमित कर दिया है। अब लोग परेशान होते हैं, तब भी आपस में बातचीत नहीं करते। लेकिन यह आदत बदलनी चाहिये। घर-परिवार के बुजुर्गों से समय-समय पर बात करते रहें। इनके पास जिंदगी के अनुभव तो होते ही हैं, सेहत और खुशी के कई नुस्खे भी मौजूद होते हैं, इसलिये संवाद कायम रखें। घर से दूर हैं, तो फोन पर बात करते रहें।

10- सुनिये बच्चों को

बच्चों को सवालों का पिटारा कहा जाता है, इसलिये हम अपनी व्यस्तता के बीच उनसे बचने के लिए उनके हाथों में फोन पकडा देते हैं, लेकिन आप उनके पहले शिक्षक हैं, बच्चों को गौर से सुना जाना बहुत जरूरी है। यह उनके और आपके यानि दोनों के लिए बहुत जरूरी है। यह सेहत और खुशी के लिए बहुत जरूरी है। इसलिये अगली बार बच्चे आपसे कुछ कहने आएं तो स्मार्ट फोन को साइड में रखकर उनकी बातों को ध्यान से सुनिये। नया अनुभव मिलेगा।

11- दीजिये खुद को आजादी

एक सी दिनचर्या जीवन में नीरसता पैदा करती है, इसलिये कभी-कभी खुद को इससे आजाद करना भी जरूरी है, पश्चिमी देशों में लोग इडियट डे और चीट

डे मनाकर खुद को रिलेक्स करते हैं, भारत में भी यह चलन लोकप्रिय हो रहा है। महीने या सप्ताह में एक दिन खुद को आजाद कीजिये। उस दिन कोई रूटीन नहीं, कोई काम नहीं कोई सिस्टम नहीं, उस दिन सिर्फ आप और आपकी जिंदगी उस दिन के राजा आप। उस दिन जो करना चाहें कीजिये। अपने हिसाब से एक दिन अपनी जिंदगी को जी डालिये। यानि कभी कुछ ना करके भी देखिये।

जीवन-शैली मंत्र- माना समझदारी बहुत बडी चीज है, लेकिन एक दिन इस खयाल को भी छोडकर देखिये, जिंदगी का मजा आएगा।

10

प्रकृति है, हमारी मित्र

लालबुझक्कड से पूछा कि सूरज किस दिशा से निकलता है, तो तुरंत जबाव देते हैं, कि पूरब से। लेकिन उनको पूछा कि पूर्व है किस तरफ और आपने कभी सूरज को निकलते देखा है, तो सोच में पड जाते हैं। आज के इंसान का कुदरत से कितना लेनादेना रह गया है। खुद आप ही सोचकर देखिये, आप प्रकृति से कितने जुड़े हैं। आपको पता चलता है, कभी कब सूरज निकला और कब डूब गया। कभी किसी सड़क से गुजरते हुए वहां के पेड पौधों पर नजर जाती है कभी फूलों को देखते हैं। कभी खुली हवा में गहरी सांस लेकर देखी है, आपने। या किसी नदी या तालाब के किनारे घूमते हुए उसकी लहरों को देखा है। कभी पंछियों का चहचहाना और उनकी अठखेलियों को देखा है, घर की छत या खिडकी से खुले अनंत आमसमान और उस पर चमकते चांद-तारों को देखा है ? आज का इंसान कुदरत से पूरी तरह कटा हुआ है। जो प्रकृति उसे 24 घंटे जिंदा रहने के लिए प्राणवायु से लेकर सबकुछ देती है, उसी से उसे कोई मतलब नहीं रह गया है। लोग साल में एकाध बार किसी पहाड या वादी में घूम आते हैं, और उसे प्रकृति प्रेम समझते हैं। लेकिन उनकी पूरे साल की जीवन-शैली में प्रकृति की कोई जगह नहीं है। यही कारण है, कि महानगरों में अब प्रदूषण इस कदर जानलेवा बन चुका है कि लोगों को सांस लेने के लिए शुद्ध हवा भी नहीं मिल पा रही है। लेकिन पूरी तरह स्वार्थी हो चुका इंसान बिना परवाह बस अपनी झोली भरने में लगा हुआ है। आज के इंसान की हालत कालीदास की तरह है, जो उसी डाल को कुल्हाडी से काटने में जुटा है, जिस पर की वह खुद बैठा हुआ है। इंसान यह नहीं सोच पा रहा है, कि जिस दिन प्रकृति ही ना रही उस दिन इंसान भी नहीं बचेगा। इसलिये अगर बार्बादी की खाई में गिरती हुई भीड़ से हटकर आप स्वस्थ्य जीवन-शैली अपनाना चाहते हैं, तो सबसे पहले प्रकृति को अपना दोस्त

बनाईये, क्योंकि उसकी मदद के बिना स्वस्थय जीवन-शैली की कल्पना भी संभव नहीं है।

1- सूरज की धूप जरूरी है

आपको पता है, हमारे देश में से हर 10 में से 8 लोगों में विटामिन डी की कमी है। सूरज की धूप इंसान को मिला सबसे अच्छा और मुफ्त बरदान है। लेकिन लोग धूप नहीं लेते बल्कि विटामिन डी के लिए गोलियां खाते हैं। नियमित तौर पर रोज सुबह 20 मिनिट तक सूरज की धूप लेने वाले को बैठे बिठाए सेहत संबधी कई फायदे मिल जाते हैं, और जीवन में कभी विटामिन डी की कमी नहीं होती। सूरज की धूप में बहुत से तत्व हैं, जो शरीर के लिए जरूरी है। सूरज की धूप लेने वाले को चर्मरोग नहीं होते। जबकि धूप की कमी इंसान के शरीर को बीमार बनाती है। इसलिये नियमित तौर पर सूरज की धूप लेने की आदत बनाईये। यह आपको प्रकृति से जोड़ने के साथ ही हमेशा स्वस्थय और खुश मिजाज रखेगी। सर्दियों के मौसम के अलावा सुबह की धूप पूरे साल जरूरी है।

2- कम कीजिये एसी का इस्तेमाल

आजकल सबको ठंडक में रहने की बीमारी है, सर्दी हो, गर्मी हो बारिश हो, प्राकृतिक मौसम का आंनद छोड़कर लोग हर समय एसी के नकली वातावरण में घुसे हुए हैं, घर, कार और दफ्तर हर जगह एसी में ही जी रहे हैं। आपको एहसास ही नहीं है, कि प्राकृतिक मौसम से आपके शरीर का संपर्क ही टूट गया है। जरा सी देर को बिना एसी के रहना पड़ जाए तो जीना ही मुश्किल हो जाता है। पूरी दुनिया में लोग अति की हद तक एसी का इस्तेमाल कर रहे हैं। इस तरह हम धरती और खुद को दोनों को ही नुकसान पहुंचा रहे हैं। एसी की आदत बीमारी की तरह लोगों से चिपक गई है। लेकिन एक बात जान लीजिये कि आप खुद अपने शरीर को बीमारियों का घर बना रहे हैं। क्योंकि सेहतमंद रहने के लिए शरीर का प्राकृतिक रोशनी और वातावरण में रहना भी जरूरी है। जो सुविधा के चक्कर में आप उसे नहीं दे रहे हैं। अगर लंबा और निरोग जीवन जीना चाहते हैं, तो एसी का उपायोग कम से कम कर दीजिये।

3- मौसम का आंनद लेना सीखें

हर मौसम का अपना एक आंनद होता है, लेकिन आज की दुनिया के ज्यादातर लोगों का अब इस आंनद से कोई वास्ता ही नहीं है। जीवन की आपाघापी में हमें दिन और रात का ही पता नहीं चलता तो मौसम की चिंता भला कौन करेगा। लोगों को ये समय खराब करने वाली बातें लगती हैं। भले ही जिंदगी रोगी की तरह हो जाए। जानकार कहते हैं कि, हर बदलते मौसम का इंसान के तन और मन पर

असर होता है। कभी रिमझिम गिरती बारिश को दुनियादारी छोडकर देखिये। फिर महसूस कीजिये मन को कैसा लगता है, कभी सर्दी की सुबह में बालकनी में खडे होकर ठंड का मज लीजिये। कभी गर्मी की शाम में सुकुन के साथ बैठकर कुछ ठंडा पीजिये। जीवन सिर्फ चिंता लेने के लिए नहीं है।

4- ताजी हवा में सांस

सुबह की ताजी हवा में आपके मूड को तेजी से बदलने की ताकत होती है। साथ ही यह दिनभर के तनाव और थकान को आप पर हावी होने से भी रोक सकती है। इसलिये सुबह के समय अपनी बालकनी या गार्डेन में 5 से 10 मिनिट धीरे-धीरे टलहते हुए गहरी सांस लें और ताजी हवा अपने अंदर लें। इस बात को आदत बनाकर अपनी दिनचर्या में शामिल करना आपके लिए मुनाफे का सौदा होगा। ताजी हवा में समय बिताने के दौरान आपको प्रकृति के साथ भी समय बिताने का समय मिलेगा।

4- गार्डनिंग रखेगी प्रकृति के करीब

आपको गार्डनिंग का शौक है, तो बहुत अच्छी बात है, यह प्रकृति के करीब होने का आसान तरीका है, लेकिन अगर पर्याप्त जगह और खास शौक नहीं है, तब अपने कमरे या बालकनी में कम से कम कोई एक फूल वाला पौधा तो रख ही सकते हैं। पेड पौधों से निकटता और उनकी देखभाल आपके तनाव और अकेलेपन को कम करती है, जिससे इस समय ज्यादातर लोग पीडित हैं, अगर आप अकेले रहते हैं, तो यह आपके लिए यह अच्छा विकल्प बन सकता है। आजकल कई लोग किचिन गार्डेन और टेरिस गार्डेन के जरिये भी आजकल अच्छी जीवन-शैली और प्रकृतिक विकल्प से जुड रहे हैं।

5- जब भी मौका मिले तो घूमने के लिए भीडभाड वाले स्थानों की जगह शांत और प्राकृतिक स्थानों को चुनें।

6- अपने घर के कमरों में भी प्राकृति नजारों वाली तस्वीरों को लगा सकते हैं। ये भी आपके मूड को ठीक करने में मदद करते हैं।

7- सुबह और शाम का व्यायाम और योग भी खुले वातावरण में करें। जिससे शरीर को प्राकृतिक रोशनी और हवा मिल सके।

8- रविवार या छुटटी के दिन बच्चों को भी गार्डेन या पार्क में ले जाकर उनका परिचय प्रकृति से कराएं, इस बहाने आपको भी कुदरत के सानिघ्य में रहने का मौका मिलेगा।

9- अपनी सुविधा के मुताबिक घर के बाहर या आसपास पंछियों के लिए थोडा सा दाना-पानी रखकर भी आप कुदरत से जुड सकते हैं।

10 - अपने जीवनकाल में कम से कम एक पौधा जरूर लगाईये और बडे होने तक उसकी देखभाल कीजिये। यह काम प्रकृति के साथ आपके जुड़ाव को और मजबूत करेगा।

सार यह है कि कुदरत इंसान को जीवनभर कुछ ना कुछ देती ही रहती है, लेकिन इंसान है कि उसका धन्यवाद देना तो दूर प्रकृति के बनाये नियमों को मानने के लिए भी तैयार नहीं है, और इस तरह से कुदरत को ही अपना दुश्मन बना चुका है। लेकिन इस दुश्मनी से नुकसान सिर्फ इंसान का ही होने वाला है। इसलिये अब पूरी दुनिया में लोग प्रकृति के महत्व को दोबारा समझ रहे हैं। हमने अपनी संस्कृति में प्रकृति को मां का दर्जा सदियों पहले दिया था, लेकिन अब इंसान प्रकृति के दोहन की जगह उसके शोषण पर उतर आया है। लेकिन यह समझ लें जिसे भी अपने जीवन में सेहतमंद और खुशहाल रहना है, उसे प्रकृति को अपना मित्र बनाना होगा। यह सच हर सदी और जमाने सच ही रहेगा।

जीवन-शैली मंत्र- पूरी दुनिया में प्रकृति से अच्छा डॉक्टर और कोई नहीं है।

और अंत में-

पैदल चलिये, सीढीयां चढिये, सायकिल चलाईये

बहुत सारे लोगों के लिए नियमित तौर पर समय निकालकर व्यायाम करना या सेहत का ध्यान रखना संभव नहीं होता है, अगर ऐसा है तो कुछ आदतों को अपने रोज के जीवन में शामिल कर लीजिये। अगर आप इनको भी नियमित करते रहे तो आपकी सेहत ठीक बनी रहेगी। सबसे पहले पैदल चलने का नियम बनाईये। सेहतमंद रहने के लिए रोज 10 हजार कदम चलना जरूरी है। दस ना सही तो 5 हजार कदम जरूर चलिये, और घबराईये मत रोजमर्रा के घर के काम आसपास पैदल जाकर करने से इतने कदम हो जाते हैं। अगर आप 10 मिनिट सामान्य गति से चलते हैं, तो एक हजार कदम हो जाएंगे। अगर पैदल चलने का समय नहीं है, तो सायकिल भी अच्छा विकल्प है, अगर उम्र ज्यादा नहीं है, तो आप आराम से सायकिलिंग कर सकते हैं। रोज 3 से 5 किलोमीटर सायकिल चलाकर भी सेहतमंद रहा जा सकता है। इसके अलावा लिफ्ट की जगह हमेशा सीढीयों के इस्तेमाल की आदत बनाईये। सीढीयां चढना उतरना सबसे अच्छी एक्सरसाइज है। कुलमिलाकर कुछ भी कीजिये लेकिन हाथ-पैर चलाते रहिये और सक्रिय बने रहिये।

कोरोनाकाल में इन आदतों को भी बनाएं जीवन-शैली का हिस्सा -

कोरोनाकाल लाख बुरा हो लेकिन इसमें एक अच्छाई है, कि इसने लोगों को जिंदगी और स्वास्थ्य की अहमियत बताई है, जिसे लोग भूल चुके थे। इस दौर में

लोगों को हालातों से काफी जूझना पडा। पूरी दुनिया में लाखों लोग एंग्जाएटी और अवसाद से परेशान भी हुए हैं। अगर आपको भी इस तरह की परेशानी हो रही है, तो ये तीन आदतें अपनी जीवन-शैली में शामिल कर सकते हैं। महामारी के दौरान होने वाली चिंता और अवसाद को यह आदतें कम करेंगीं।

मदद कीजिये-

जर्नल ऑफ हैप्पीनेस की स्टडी रिपोर्ट का कहना है कि महामारी के दौरान लॉकडाउन में जिन लोगों ने दूसरों की मदद की उन्होंने खुद को ज्यादा पॉजीटिव महसूस किया। महामारी का डर और चिंता भी उनमें कम रही। तो दूसरों की मदद को अपनी आदत बनाईये। मदद की आदत खुशी देती है। आप पडोसियों की मदद करके या वॉलेंटियर बनकर इस आदत से जुड सकते हैं।

कोई हॉबी जरूर अपनाएं

लॉकडाउन के दौरान जब लोग घरों में कैद थे, तब ज्यादातर लोगों ने अपनी पुरानी हॉबी को जिंदा किया। शोध कहते हैं, कि अपने हुनर या शौक को रोज 20 मिनिट देना भी आपको मानसिक तौर पर स्वस्थ्य रखता है। इसलिये महामारी के इस दौर में किसी ना किसी हॉबी को अपनी जिंदगी से जोड लें। पेंटिंग, डांस, संगीत जो कुछ आपको पंसद हो रोज थोडा समय इस आदत को दें।

अपनों से जुडे रहें

जो लोग अकेले रहते हैं, उनमें बोरियत और अवसाद के लक्षण ज्यादा पाए जाते हैं, जब हम दूसरों के साथ जुडते हैं, तो खुद को सुरक्षित और भावनात्मक तौर पर मजबूत पाते हैं, इसलिये कोरोनाकाल के इस कठिन समय में अकेलेपन से बचना बहुत जरूरी है, इसलिये अपनों से जुडने की आदत को भी अपना लें। आप घर से दूर या अकेले हैं, तब भी परिवार, दोस्तों और परिचितों से फोन, वीडियो कॉल या किसी भी माध्यम से जुडे रहे उनके हालचाल लेते रहे और संपर्क बनाए रखें। लोगों से संपर्क आपको जीवंत और तारोजाता रखता है। अच्छी जीवन-शैली के साथ आपको एक सुखी, सेहतमंद और खुशहाल जीवन की शुभकामनाएं।

स्वस्थ्य रहे और मस्त रहें।